SAN MIGUEL DE ALLENDE

GUIA DEL VISITANTE

San Miguel y otros Arcángeles ganan la batalla a los Angeles Rebeldes. Detalle de la pintura en la parte central del muro norte del recinto la "Gloria Escondida" del Santuario de Atotonilco. Pintado por Pocasangre entre 1759 y 1763, y repintado por Pedro Ramírez en 1867.

SAN MIGUEL DE ALLENDE

GUIA DEL VISITANTE

Textos

Rosalía Aguilar
César Arias de la Canal
Félix Luna Romero
Luis Felipe Nieto

Fotografía

Rafael Doniz

PC Editorial

Primera edición, 1993

Producción
Rafael Santín

Textos
Rosalía Aguilar
César Arias de la Canal
Félix Luna Romero
Luis Felipe Nieto

Fotografía
Rafael Doniz

Diseño
Germán Montalvo
Nelson Cárdenas/Saluzzo

Formación
Laura Villanueva

Tipografía
Prisma Editorial, S.A. de C.V.

Corrección y cuidado de textos
Eugenio Aguirre
Marcela S. de Madariaga
Gabriela Ordiales

Traducción
Charles Glass

Mapas y croquis
Luis Felipe Nieto

La edición de este libro fue posible gracias al patrocinio de:
Luis Alvarez Domenzain
Gary De Mirjyn
Fundación de Arte Enrique Fernández Martínez, A.C.
Cecilia Loera
Milou M. de Reiset
Pedro Mayer
Eric Noren
Markus Odermatt
Carlos Rodríguez Alday
Manuel Rocha Díaz
Latané Temple
Luz Marcela Vera
Cassandra Webb
Alfredo Zavala

Cubierta: Portada de la capilla de San Miguel Viejo

Impresión: Consorcio Editorial Comunicación, S.A. de C.V.
Selecciones de color: Reproscanner, S.A. de C.V.
Papel: Grupo Pochteca, S.A. de C.V.
Impreso en México. *Printed in Mexico*

ISBN 968-6562-00-1

INDICE

PRESENTACION

San Miguel de Allende es considerada una de las más bellas ciudades coloniales de la República Mexicana, y es por ello también una de las de mayor importancia turística nacional e internacional.

Su centro histórico ha conservado el trazo urbano de la época colonial, sus iglesias y monumentos arquitectónicos, importantes muestras del arte colonial que la convierten en una ciudad muy interesante.

Un aspecto fundamental de San Miguel de Allende, donde acaso radica su fuerza y la magia que le otorgan su singularidad, es la trayectoria que han seguido sus pobladores. Con una historia liberal y libertaria, San Miguel fue desde tiempos coloniales asentamiento de avanzada, villa de españoles, pero también receptáculo de un mestizaje intenso, y en la actualidad, lugar de confluencia de una pluralidad social y cultural que lo distingue del resto de las ciudades coloniales.

Enclavada en la parte norte de la Mesa Central de la República Mexicana, en el estado de Guanajuato, es la cabecera del Municipio de Allende, unidad que comprende una superficie de 1.5 km^2 y representa casi el 5% de la superficie estatal. La ciudad de San Miguel se encuentra en el centro del municipio, junto a la presa Ignacio Allende, que regula las aguas del río Laja, la segunda corriente de agua en importancia en el estado y tributaria del sistema Lerma-Chapala-Santiago.

El año de 1992 fue ocasión de festejos. La ciudad conmemoró 450 años de su fundación, que coincidió con la de otras tres ciudades coloniales de México: Guadalajara, Mérida y Morelia.

CANTE A.C., organización no gubernamental, mexicana, y sin fines de lucro, creada en 1987 y cuyo propósito es conocer e impulsar formas de desarrollo económico y social, a partir de la revaloración y la gestión del patrimonio que representan los recursos naturales del país, consideró oportuno auspiciar la realización de este trabajo editorial cuya finalidad es dar a conocer la ciudad, sus tradiciones y fiestas, así como las bellezas naturales que se encuentran en sus alrededores.

◄
Capilla de San Miguel Viejo, localizada al poniente de la ciudad.

Animó la elaboración de esta publicación la posibilidad de brindar a los visitantes que deseen adentrarse un poco más en el encanto de esta ciudad, información sobre muchos aspectos, algunos de ellos ya difundidos o conocidos y otros que pueden ser novedosos.

Así, se ocupa no sólo de la historia de la ciudad y de la descripción de sus joyas arquitectónicas, sino también de sus entornos, los cuales pueden delimitarse al municipio, donde también se encuentran puntos de interés.

Busca además señalar y revalorar, en la medida de lo posible, la obra de los antiguos asentamientos de indios que poblaron la zona, quienes participaron en la fundación de la ciudad y en el desarrollo de las industrias, y quienes con su sensibilidad artística, que se muestra en la arquitectura sanmiguelense, contribuyeron al engrandecimiento de la ciudad y el municipio. Grupos cuya presencia en la vida actual, en las fiestas, festividades y ritos ceremoniales, es innegable.

Por último, pero no por eso menos significativo, hemos querido informar al visitante acerca del patrimonio y el atractivo que tienen los entornos de la naturaleza en el municipio: sus paisajes, las montañas, las llanuras, las cañadas, el río y sus vertientes, sus manantiales, la flora y la fauna que lo habita.

Se elaboró un resumen en inglés de los textos principales, que aparece en la parte final del libro, para aquellos visitantes de habla inglesa.

Esta publicación es el resultado de un trabajo de equipo y está dirigida tanto a los visitantes como a los pobladores de San Miguel de Allende; esperamos que para los primeros brinde un servicio y sea una compañía amena y agradable, y para los sanmiguelenses, un documento que contribuya en alguna medida a acrecentar la estimación y el orgullo tradicionales que siempre han mostrado por su ciudad.

LAS FUNDACIONES DE LA CIUDAD

Luis Felipe Nieto

La población prehispánica y su filiación cultural

La población prehispánica que habitó, antes de la llegada de los españoles, la región donde está emplazada la ciudad de San Miguel de Allende, se caracterizaba por su forma de vida nómada. No producía alimento y dependía únicamente de la caza y la recolección de animales y plantas. Aunque en general a todos los grupos con estas características se les conoce como *chichimecas*, en realidad se trataba de una serie de distintos grupos étnicos, tales como: cazcanes, guamares, copuces, guachichiles.

Sin embargo, esto no fue siempre así, pues alrededor del año 200 d. C. comenzaron a establecerse grupos que practicaban la agricultura y que dejaron testimonio de su habilidad para producir obras cerámicas de estupenda manufactura. Algunas de estas obras pueden apreciarse hoy en la planta baja del Museo Histórico de San Miguel de Allende.

Así, la población de los primeros doscientos años de la era cristiana estuvo organizada en pequeñas comunidades agrícolas, situadas sobre el cauce del río que hoy en día conocemos como Laja. Sin embargo, salvo los restos cerámicos encontrados, no se han detectado más elementos que permitan conocer aquellos aspectos que se relacionan con la religión, economía, política, etcétera. Sólo se puede afirmar que la región central del río Laja estuvo poblada, desde hace aproximadamente mil ochocientos años, por aldeas comunitarias cuya base económica era la agricultura.

A medida que pasó el tiempo, entre los años 950-1110 d.C., la sociedad prehispánica del actual Municipio de Allende y de buena parte del estado de Guanajuato tuvo un desarrollo cultural que alcanzó niveles extraordinarios en los campos de la agricultura, la arquitectura, el tallado de piedra y el comercio. Todo este conjunto cultural estuvo vinculado con la esfera de influencia que presentaban las grandes metrópolis prehispánicas, principalmente Teotihuacan y Tula.

La primera, Teotihuacan, la ciudad monumental, en donde de acuerdo con la mitología nacieron los dioses, influyó notablemente en la construcción de asentamientos humanos dispuestos en diversas áreas de Mesoamérica. La región del Municipio de Allende no fue la excepción, pues, por ejemplo, se puede encontrar en él, un conjunto arquitectónico construido con la misma forma que la **ciudadela** de Teotihuacan, así como la de la **plataforma sur** de Monte Albán, en Oaxaca.

El florecimiento económico durante la época prehispánica en la zona de Gua-

Bracero ceremonial policromado. Sala norte, vitrina San Miguel de Allende. Museo Nacional de Antropología. INAH. CNCA. Mex.

Tapadera policromada. Sala norte, vitrina San Miguel de Allende. Museo Nacional de Antropología. INAH. CNCA. Mex.

najuato tuvo lugar hacia el año 1000 d. C. En efecto, los materiales arqueológicos nos indican que la utilería fabricada en esta región era contemporánea de la que se fabricaba en Tula, Hidalgo, entre los años 950 y 1150 d. C., cuando alcanzó su apogeo.

Más aún, de acuerdo con el *Códice Tolteca-Chichimeca*, documento indígena del siglo XVII, de la región del Municipio de Allende formaba parte del territorio tolteca, que estaba compuesto por cinco provincias. Cada una se componía de cuatro regiones, con una capital al centro. Todo indica que la capital de la provincia oeste del estado tolteca, se encontraba sobre la cima del cerro conocido como Culiacán, punto más alto de todo el bajío guanajuatense. Se desconoce la ubicación precisa de la capital norteña; sin embargo, podría tratarse de un sitio arqueológico localizado en el Municipio de Comonfort, Guanajuato, pues contiene construcciones y materiales arqueológicos que lo relacionan con Tula, tales como: el juego de pelota y la cerámica tipo *plumbate,* que fue tan utilizada por los toltecas dentro y fuera de su territorio.

Así, lo que es el Municipio de Allende pertenecía a la región norteña de la provincia del norte, denominada *Panoayan,* nombre antiguo de la región de Pánuco. Es muy probable entonces, que los límites de la región que hoy en día conocemos como la Sierra Gorda, se hayan extendido hasta la zona del territorio que comprende Guanajuato.

Hacia el año de 1100 d. C., la frontera agrícola se empezó a recorrer hacia el sur, de manera que el actual estado de Guanajuato y otras entidades quedaron fuera del territorio mesoamericano. Hacia el año 1200 d.C., los centros ceremoniales y sus asentamientos se encontraban completamente abandonados.

Debido a estos movimientos migratorios, la región se pobló paulatinamente por grupos nómadas que se distribuyeron en todo su territorio, y que a diferencia de los grupos agrícolas del año 1100 d.C., tenían una cultura muy pobre. De esta forma pasaron más de trescientos años sin que se lograran cambios significativos en la vida cotidiana. Fue hasta la llegada de los españoles que comenzó a gestarse una transformación radical y acelerada. Con la presencia de los conquistadores y su permanencia en la zona, la población prehispánica fue desapareciendo para dar paso a una nueva cultura mestiza: la mexicana.

Croquis del sitio arqueológico San Miguel Viejo V.

Los vestigios que llegan al presente

Entre los años 950-1100 d. C. los asentamientos de sus pobladores estaban distribuidos por todo el valle que forma el cauce del río Laja. Esta distribución les permitía

Croquis del sitio arqueológico Cañada de la Virgen I.

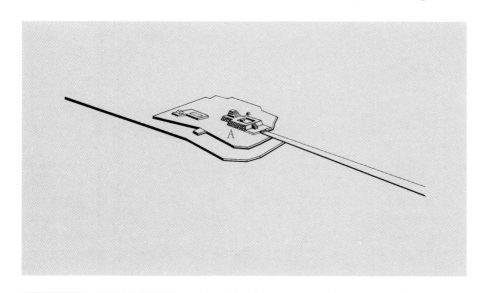

Vista posterior del conjunto arquitectónico más grande de la Cañada de la Virgen I, con una altura de 16 metros.

explotar los principales recursos naturales: los suelos aluviales del río Laja, los bancos de material para construcción, las fuentes de material para la producción de herramientas de piedra y otros.

Además, el sistema de intercambio que practicaron con otras culturas los proveyó de instrumentos de obsidiana que fueron distribuidos por todo el valle de San Miguel, procedentes de la sierra de la Navaja, en el actual estado de Hidalgo.

Las investigaciones hechas en los lugares que aún conservan vestigios arqueológicos inducen a pensar que los arquitectos de la época construyeron asentamientos para distintas actividades y, por lo tanto, con diferentes características. Desarrollaron siete formas de construir edificios, y existen, por lo menos, tres tipos de asentamientos.

Dadas estas características, y a fin de diferenciar los tipos de sitios arqueológicos que existen dentro del municipio, los llamaremos: Centro Director, Centros Administrativos y Centros Productores.

Centro director

Está representado por un sitio conocido como San Miguel Viejo V, que se localiza al suroeste de la ciudad. Para su emplazamiento fue necesario nivelar la parte alta de una loma, en donde fueron construidos los monumentos que la componen. El trazo general del asentamiento presenta una orientación de norte a sur, sin embargo el de los monumentos arqueológicos es de oriente a poniente.

Este sitio está compuesto por nueve estructuras piramidales. El conjunto arquitectónico que se ha denominado "A" destaca por sus grandes dimensiones, pues alcanza una longitud de 225 metros. Es la estructura más grande en un área de 6,000 km². El adoratorio que se encuentra al centro de la plaza fue escenario de emotivas ceremonias dedicadas a dos deidades importantes en toda mesoamérica: Quetzalcóatl y Tezcatlipoca.

El sitio cuenta, además, con otros conjuntos arquitectónicos de dimensiones monumentales. El que se localiza al norte se ha denominado estructura "B", y presenta la forma prototipo de la arquitectura *chichimeca* en el valle de San Miguel.

Esquina suroeste del conjunto "A" de la Cañada de la Virgen; talud restituido.

Centros administrativos

Están representados por tres sitios: Cañada de la Virgen I, Agua Espinoza I y San Antón Ceballos I. Los tres se encuentran emplazados sobre áreas fortificadas en forma natural. De este modo, su ubicación permite observar los principales accesos al valle. Cañada de la Virgen I se localiza al sur del valle; Agua Espinoza I se ubica hacia el este, mientras que San Antón Ceballos I se encuentra al noroeste de la cuenca central del río Laja.

Entre estos centros destaca Cañada de la Virgen I, ya que cuenta con diversas construcciones de carácter relevante, debido a su monumentalidad y a su buen estado de conservación.

El punto de emplazamiento es por demás interesante y asegura una excursión emocionante, ya que se encuentra en medio de una cañada que lo rodea y lo protege de manera natural, es decir, que para llegar a él se hace necesario cruzar una cañada. Su posición geográfica permite la observación de los accesos sur y oeste de la cuenca alta del río Laja, y nos ofrece un hermoso e impactante paisaje.

La Cañada de la Virgen I está conformada por siete estructuras monumentales; la principal, la "A", es prototipo de la arquitectura *chichimeca*, que cuenta con un patio central y un templo, y con una calzada que comunica este recinto ceremonial con la cañada que envuelve al sitio, esto es, con su muralla protectora.

Al norte de ésta, se localiza un basamento piramidal de forma mixta, es decir, que en la parte superior de éste la construcción es de forma circular, mientras que en la inferior presenta forma rectangular, lo que indica su asociación con el culto a Quetzalcóatl.

El entorno natural es bello e interesante ya que se localiza en un punto en el cual confluyen tres ecosistemas. Inmediatamente al noroeste del sitio se localiza un primer ecosistema compuesto por extensas llanuras altas cubiertas de pastizales; al sureste se encuentra un bosque templado; y hacia el norte se localiza una gran extensión semiárida sobre la cuenca alta del río Laja.

Centros productores

Los centros productores que se construyeron con el objeto de explotar los recursos naturales que ofrecía la región se pueden localizar a lo largo y ancho del municipio, y sólo para ejemplificar mencionaremos cuatro: Palo Colorado II; Tierra Blanca V; Tierra Blanca II; y Cruz del Palmar IV. La mayoría de ellos se relacionaba con los procesos de extracción y transformación de materias primas de diversa utilidad, así como con la producción agrícola.

La arquitectura monumental

Todas las estructuras monumentales, es decir los basamentos piramidales, fueron edificados de la misma forma, lo que indica que fueron construidos por una misma sociedad. Estas obras arquitectónicas están estructuradas con tres elementos, el núcleo, el talud y los edificios; que a su vez tienen diversos componentes. Se trata de un sistema muy simple que consiste en revestir grandes volúmenes (núcleo) de argamasa mediante un muro (talud) que presenta una inclinación de 47º. En la cúspide de estos basamentos fueron erigidos los templos, en los que se desarrollaron importantes ceremonias.

Dentro de la cuenca alta del río Laja se localizaron siete formas arquitectónicas distintas. La forma prehispánica prototipo de la región de San Miguel está compuesta por tres elementos principales: explanada exterior, patio cerrado y edificio superior. Existen 27 edificios con estas características, aunque de distintas dimensiones.

Para dar una idea de las dimensiones de estos basamentos diremos que el conjunto arquitectónico más grande de ellos, el de la Cañada de la Virgen I, tiene 90 metros de largo por 70 metros de ancho, mientras que la parte más alta presenta una altura de 16 metros. Este basamento muestra diversas etapas constructivas, la última —la que podemos apreciar actualmente— está compuesta de ocho cuerpos y data aproximadamente del año 1000 d.C.

No cabe duda que la arquitectura prehispánica de esta región tiene valores históricos, estéticos y técnicos que la hacen extraordinaria.

El abandono de los asentamientos prehispánicos

El abandono de las provincias del norte del imperio tolteca hacia el año 1150 d.C. se debió tanto a factores políticos como a factores económicos. Por un lado, la lucha por el poder político, protagonizado por los seguidores de Quetzalcóatl y de Tezcatlipoca en Tula, la mismísima capital tolteca, provocó en todas sus provincias una atmósfera de desconfianza. Por el otro, la escases de lluvias fue un motivo determinante para que los pobladores emigraran hacia otras tierras. El altiplano central y parte del territorio perteneciente a Michoacán fueron los lugares escogidos para vivir por los migrantes *chichimecas*.

Uno de los principales líderes de estas migraciones, llamado Xólotl, fundó la ciudad de Tenayuca en el centro de México. Es posible que los antiguos *chichimecas* de la región que circunda a San Miguel de Allende hayan pertenecido al contingente de este líder que derrocó al estado tolteca hacia el año de 1170 d. C.

La Cañada de la Virgen está emplazada en un hermoso e impactante paisaje.

Clave labrada de la puerta de acceso a la
Capilla de San Miguel Viejo.

Los colonizadores y evangelizadores

Después de una cruenta lucha entre mexicas y españoles, en el año de 1521, la gran
Tenochtitlan cayó bajo el dominio de Hernán Cortés. Este fue el momento en que
España empezó a ejercer su soberanía sobre lo que hoy es México, situación que
se prolongaría durante trescientos años.

A este periodo se le conoce como época virreinal o época de la Colonia, durante
la cual fueron construidos innumerables edificios monumentales, tanto de carácter
religioso, como civil, militar y agrícola. Este periodo histórico abarca desde 1521
hasta 1821.

Los edificios construidos durante el siglo xvi, en México son algo especial, puesto que constituyen los primeros testimonios de una nueva cultura, nuestra verdadera
cultura mexicana; la que se formó con la participación de la mesoamericana y la
española. Estos edificios, a pesar de que fueron construidos con técnicas y formas
europeas, contienen elementos indígenas que los hacen únicos.

Los españoles aprovecharon al máximo la gran cantidad de elementos construc-
tivos que los naturales habían empleado desde épocas muy antiguas, así como la mano
de obra indígena especializada en el trabajo de la construcción.

Al iniciar sus obras en las tierras conquistadas, los españoles tuvieron que lu-
char arduamente en contra de las tradiciones mesoamericanas. Por ello, paralelamente a las batallas, se ocuparon de convertir al cristianismo a los indígenas de la
Nueva España, con objeto de tener control sobre ellos.

También fueron implantadas algunas instituciones que sirvieron de refuerzo a los conquistadores. Un claro ejemplo de éstas fue la encomienda, que vino a dar un gran impulso a la economía española, puesto que cada encomendero tenía el derecho de obtener el tributo de un determinado número de indígenas, ya fuera en especie, trabajo u otros bienes.

Para los indígenas esta situación significó una carga extraordinaria, ya que las comunidades rurales tuvieron que pagar tributo no sólo a los encomenderos, sino también a sus antiguos caciques.

Toda vez que los indígenas fueron excepcionalmente explotados, hubo algunos frailes que se constituyeron en auténticos protectores de sus intereses, como Fray Pedro de Gante, Fray Toribio de Motolinía, Fray Juan de Torquemada, Fray Bartolomé de las Casas, y por supuesto Fray Juan de San Miguel. Ellos se preocuparon por que se diera un trato más justo a los naturales, así como una mejor retribución por su trabajo. Sin duda su participación en esta lucha permitió que, finalmente, se extinguiera la encomienda.

Ahora bien, debido a las condiciones de vida nómada que prevalecían en la frontera septentrional mesoamericana (región norte-centro de México), que eran diferentes de las del altiplano central, se hizo necesario llevar a cabo la lucha armada bajo distintas condiciones, ya que los grupos indígenas de estas latitudes usaban tácticas de combate diferentes.

Hernán Cortés no pudo someter a los indios *chichimecas* a pesar de que en 1526 quiso imponer la soberanía de la corona española en las tierras del norte, donde pre-

Capilla anexa con detalles escultóricos en el atrio de la Capilla del Salitre.

Modesta arquitectura de algunas casas en la calle de Barranca, cerca del barrio de El Chorro.

Iglesia de la Santa Cruz, a escasos metros del manantial de El Chorro.

tendió esclavizar a los grupos indígenas que no estuvieron dispuestos a convertirse al cristianismo y a servirlo. Para ello, envió una pequeña tropa compuesta por españoles e indios, quienes se esforzaron vanamente en su intento por conquistar estas tierras.

Esta actitud por parte de los españoles provocó otro episodio violento en la historia de la población de América: *la guerra chichimeca*, lucha armada que se prolongó durante aproximadamente 50 años.

El desenlace de este conflicto en favor de España se debió más a las concesiones y regalos que les dieron a los indios, y al empeño de los frailes mendicantes, que a la efectividad del ejército virreinal. Sin duda, la participación de los religiosos fue fundamental para que se obtuviera la paz en esas tierras.

En lo que hoy es el estado de Guanajuato, el proceso de población y evangelización fue iniciado desde Michoacán. El primer convento erigido en tierras guanajuatenses, el de Acámbaro, fue fundado cerca del río Grande (Lerma), por frailes procedentes de Uruapan. Este convento llegó a tener tanta importancia que fue asignado como lugar de custodia de Michoacán y Jalisco, hacia 1536.

De él partieron las expediciones para explorar las tierras del norte: las tierras de los *chichimecas*. El insigne franciscano Fray Juan de San Miguel, guardián del convento de Acámbaro, inició una expedición hacia el norte por el cauce del río Grande y sus afluentes. Al llegar al que hoy conocemos como Laja, se desvió hacia el norte, a las tierras ya conquistadas, y fundó pequeñas misiones, que no prosperaron por lo frágil de su construcción.

La fundación de San Miguel en sus diferentes etapas

Hacia 1542, Fray Juan de San Miguel llevó a cabo una expedición cuyo objetivo fundamental era buscar un lugar apropiado para fundar el primer pueblo que sirviera como verdadero centro de catequización. La expedición, en la que participaron también indígenas de diversas etnias (purhépechas, otomíes y guamares) llegó hasta la cuenca alta del actual río Laja. En ese lugar construyó una pequeña iglesia, la capilla de San Miguel Viejo, en donde celebró la primera ceremonia cristiana en la región y fundó un pueblo en el que inició la catequización de los indígenas del lugar.

El franciscano confió a Fray Bernardo Cossin la custodia de la nueva población y partió rumbo al norte, hacia el territorio de los indios guachichiles y guamares, temidos por su bravura. A pesar de los peligros logró llegar hasta el rió Verde (estado de San Luis Potosí), donde fundó otra misión de avanzada.

Vestigios de la presa cercana al Presidio de las Cañas.

Mientras tanto, Fray Bernardo Cossin intentaba inútilmente convertir a sus más violentos enemigos: los copuces. Esta situación se prolongó durante varios años, hasta que, en 1551, un grupo de indios copuces, decididos a defender a sangre y fuego las tierras que les pertenecían, incendió el pueblo de *San Miguel de los Chichimecas*.

Se hizo necesario, entonces, buscar un lugar que permitiera una mejor defensa en contra de los ataques de los indígenas; un espacio que no ofreciese ventaja al peligroso enemigo. Las constantes expediciones que llevó a cabo Fray Bernardo, lo llevaron a encontrar, a pocos kilómetros del poblado original, un estupendo paraje que presentaba condiciones favorables, por estar situado sobre el perfil de una ladera y contar con un manantial que, hasta la fecha, sigue abasteciendo de agua a la actual ciudad de San Miguel de Allende.

La primera edificación que llevó a cabo Fray Bernardo de Cossin en este nuevo poblado fue la capilla de la Santa Cruz, que se localiza a escasos metros de las fuentes de agua. Durante cerca de cuatro años el pueblo de San Miguel creció alrededor de los manantiales y fue poblado por grupos indígenas procedentes de diversos lugares del centro de México. Hoy en día esta zona es conocida como barrio de *El Chorro*, cuya sencilla arquitectura indica la modestia de sus primeros habitantes.

Debido a los constantes ataques de los indígenas (guachichiles, guamares, copuces y cazcanes), en 1554 se fundó una guarnición de soldados —presidio— con el objeto de custodiar el primer trayecto peligroso del camino entre México y Zacatecas, que era conocido como "el camino de la plata". Este presidio o guarnición fue habitado por diversos grupos étnicos y sociales: familias españolas, indígenas originarios de distintas regiones y soldados españoles. Tiempo después se construyeron dos presidios más que se localizaron en las comunidades rurales: Cañas, al norte de la ciudad, y Puerto de Nieto, al sureste.

Fue hasta el año de 1555 cuando el virrey don Luis de Velasco creyó conveniente fundar un poblado que sirviera definitivamente para la defensa de los caminos de acceso a las tierras de la plata y el oro. Para ello, fueron trasladadas 50 familias de españoles, que construyeron el nuevo asentamiento al norte del barrio de *El Chorro*.

Los primeros edificios religiosos en el nuevo asentamiento fueron el templo de San Rafael, el templo de la Virgen de la Soledad y el templo de la Tercera Orden. El templo de San Rafael fue sede, en 1564, del primer curato, establecido por don Vasco de Quiroga. La Plaza Principal se encontraba al noreste, precisamente en el lugar donde se había erigido el templo de la Virgen de la Soledad, imagen que veneraban los conquistadores.

Torre del campanario de la Capilla de Ciénega de Juan Ruiz.

Capilla de Guadianilla.

Torre de la Capilla de Agustín González.

La Capilla del Salitre.

Esta Plaza, hoy en día Plaza Cívica Ignacio Allende, estaba conformada por edificios muy importantes, tales como las Casas Reales (Presidencia Municipal de nuestros días), la cárcel, la aduana, el panteón para españoles, solares para los primeros pobladores y la alhóndiga para el almacenaje de semillas.

Estos edificios se encontraban en la manzana que actualmente está delimitada al este por la Plaza Cívica Ignacio Allende; al norte por el Seminario y Templo del Oratorio; al poniente por la calle José Llanos y, al sur, por la 2a. calle de Mesones.

La Plaza de la Soledad fue escenario de diversas actividades de la sociedad sanmiguelense durante sus primeros años: tianguis donde se vendía toda clase de productos; plaza de toros provisional para celebrar lidias durante las ferias; procesiones religiosas en distintas épocas del año, principalmente las de la Semana Santa; ejecuciones de los delincuentes condenados a la horca por los tribunales, etcétera.

Desde el punto de vista jurídico, durante el siglo XVI y una parte del XVII la Villa de San Miguel perteneció a la alcaldía Mayor de Xilotepec, ya que hasta la sexta década del siglo XVII se conformó la Alcaldía Mayor de la Villa de San Miguel el Grande, cuya sede era la propia villa. Su jurisdicción abarcaba también la Villa de San Felipe y la Congregación de Nuestra Señora de los Dolores. Las tres poblaciones formaron parte de la jurisdicción del Obispado de Michoacán, y a partir de la creación de las intendencias (1786), quedaron sujetas a la del Obispado de Guanajuato.

La introducción de la ganadería y el desarrollo de las comunidades rurales

Tanto los frailes como los estancieros estuvieron interesados en colonizar pacíficamente las tierras guanajuatenses. Las tierras localizadas hacia el norte de la Villa de San Miguel presentaban óptimas condiciones para la cría de ganado mayor y menor. En 1573 el virrey Luis de Velasco otorgó a Juan Nieto "un sitio de estancia para ganado mayor... en la Sierra que dicen de la Margarita junto al camino que va de San Miguel a Xichú".

De éstas y otras mercedes para estancia nació una fuente de riqueza que, a la postre, fue fundamental para el desarrollo económico del bajío durante el siglo XVIII. Así, mientras en el campo se criaba al ganado, en la villa se producía una gran cantidad de utensilios para el manejo del ganado.

Además, en la Villa de San Miguel el Grande se elaboraba una amplia gama de instrumentos de diversos materiales, que eran distribuidos en diferentes partes de la Nueva España: sarapes multicolores, cobijas y jorongos, cuchillos, tranchetes y espadas, espuelas y frenos con incrustaciones de oro y plata, sillas de montar, así como todo tipo de trabajos de talabartería.

Puede afirmarse que fue en esta región donde se sembró la semilla que dió origen al nacimiento de la charrería, ya que las pesadas jornadas de la ganadería formaron a los primeros jinetes mexicanos.

Coincidentalmente, la cuenca del río San Miguel (hoy Laja) y sus afluencias fueron poblándose por grupos indígenas, cuyo origen era principalmente el centro y sur de México. De ahí el nombre de algunas de sus poblaciones, tales como: Tlaxcalilla y Oaxaca.

Actualmente podemos encontrar a lo largo de los principales ríos una gran cantidad de asentamientos rurales, fundados desde finales del siglo XVI hasta mediados del siglo XIX. Muchos de ellos aún conservan sus monumentos religiosos (templos, capillas, humilladeros, calvarios, capillas posas, etcétera) que son diversos y datan de distintas épocas.

Los constructores siguieron un patrón para levantar estos monumentos que seguramente fue diseñado por los primeros evangelizadores, pero que los indígenas aprendieron perfectamente y pusieron en práctica en cientos de ocasiones.

Las capillas, por ejemplo, presentan en su mayoría una planta de una sola nave formada con bóvedas de arista, que descansan sobre cuatro contrafuertes sólidamente construidos. Las portadas están muy bien labradas, mientras que el resto de la fachada es completamente liso; hacia la izquierda, presentan una torre con su campanario, que armoniza con la fachada. Muchas de ellas aún conservan restos de la decoración original que se le aplicaba a las fachadas, incluido el trabajo de cantería.

Dadas sus características, estas capillas son un verdadero testimonio de la hibridación de las culturas, ya que a pesar de haberse construido con patrones europeos, contienen elementos que dan cuenta de la imaginación y el talento artístico de los indígenas.

Portada lateral del Templo del Oratorio; antigua portada de la Capilla de la Soledad (S. XVII).

Rosalía Aguilar

El centro urbano: La Villa de San Miguel el Grande

La Villa de San Miguel el Grande, sin duda por su carácter de cabecera de la Alcaldía Mayor del mismo nombre, fue escogida desde el principio para residencia de los grandes terratenientes de la región. Estos, a través de la compra de cargos municipales, se adjudicaron el Cabildo o Ayuntamiento, el cual legitimó y completó su dominio sobre los pequeños propietarios, colonos de las villas de San Miguel y San Felipe y de la Congregación de Nuestra Señora de los Dolores, la cual pasó a depender jurídica y administrativamente de San Miguel en 1643.

El avecinamiento de ricos españoles, peninsulares y americanos (criollos) en la villa (centro de la vida intelectual, política, administrativa y comercial), imprimió a ésta un sello especial que la distinguió de los centros urbanos diseminados por la región del bajío, zona próxima a San Miguel.

Para 1750 la villa destacaba como una de las poblaciones más importantes y prósperas del Virreinato, "...creo —decía Juan de Morfi al pasar por San Miguel— no haya otro lugar en el mundo que ofrezca una situación más oportuna para levantar su plan y el de sus inmediaciones... es mucho y muy lindo su vecindario y de mejor sociedad que el de Querétaro...". Fue propiamente en esta época, cuando la Villa de San Miguel adquirió su fisonomía que la hace célebre.

Su trazo urbano al modo de tablero de ajedrez, estuvo sujeto a un plan previo; de ahí la cuadriculación de las calles de San Miguel. Como villa de españoles, las residencias de éstos y de los criollos, lo mismo que las iglesias y los conventos se ubicaron en el centro de la población, en los entornos de la Plaza Mayor. En cambio, las casuchas de adobe, habitaciones de indios y mestizos, se encontraban en los barrios aledaños y sujetos a la villa.

Arquitectura civil

El tipo de casa barroca formado durante el siglo XVII, fue semejante a la casa andaluza: la gran portada, el zaguán con su balcón arriba, el patio, la cancela, los barandales de hierro forjado, las rejas, todo venía de Andalucía. A mediados del siglo XVIII, época de mayor auge económico de la villa, se hizo común el uso de un tipo especial de casa: la residencia señorial. Esta se reservó sólo para aquellas familias con rancio

◄ Panorámica de San Miguel desde arriba de la Presa del Obraje.

Fachada lateral de la Casa de la Canal, sobre el Jardín Principal.

Corredor superior y entrada a la capilla de la Casa de la Canal.

linaje y mayorazgos, que pudieron ennoblecerse a través de la compra de títulos nobiliarios, los cuales, como aún puede verse, se ostentaban en sus portadas.

Esta aristocracia era ya eminentemente criolla, descendiente de peninsulares, pero ligada a América por los fuertes lazos del dinero y de la identificación con la tierra propia. Dejó testimonio de su esplendor y bonanza en las exquisitas construcciones barrocas y neoclásicas de San Miguel. Las obras suntuarias emprendidas por los ricos propietarios, los templos y las residencias, los conventos y las capillas, las calles y las fuentes, reflejan la prosperidad y el orgullo de la ciudad.

"El paisaje arquitectónico de la Villa -dice bien Francisco De la Maza- siempre armonioso y noble, tiene un tinte de aristocracia y una grave elegancia...". Y es en sus viejas casonas, sobre todo, donde estas características se concretan.

La más imponente por su magnificencia y buen gusto, es sin duda la casa de la familia de la Canal, de estilo neoclásico. Pese a que la tradición la atribuye a Francisco Eduardo Tresguerras, esto es más que dudoso, asegura Manuel Toussaint, ya que "...no representa caracteres definidos de Tresguerras". Esto no resta mérito alguno a la bella residencia. Sobre ella ha dicho Rafael Solana, en su elocuente descripción de la mansión señorial de fines del siglo XVIII: "La rica portada, el delicadísimo patio, son sin duda, ejemplo del más alto valor artístico en el tesoro arquitectónico de la Colonia".

La residencia de los de Allende, elegante casa con suntuosa portada y balcones de influencia barroca, es de mediados del siglo XVIII. Notable en ella es el trabajo de hierro forjado de los balaustres de balcones y barandales.

Las grandes residencias son todas de gusto artístico, pero hay en ellas siempre algún elemento especial que las distingue del resto. Sea su portada, como en el caso de la mansión de la familia Sauto, la del Marqués del Jaral de Berrio, la del Conde de Casa de Loja; o la originalidad de los balcones, como la casa de Juan de Umarán, que muestra un balcón sobre unos pequeños perros de piedra, o los de la casa de "El Inquisidor", de cantera labrada. Estas y tantas otras construcciones habitacionales hacen de San Miguel una ciudad notable, debido a la manifestación artística aplicada a los edificios donde se desarrollaba la vida cotidiana de sus moradores.

Casa de Allende y residencia del Museo Histórico de San Miguel.

Patio central y arco pinjante de la Casa de Allende.

Arquitectura religiosa

De la prosperidad de San Miguel en el siglo XVIII dan testimonio también grandes y costosos edificios religiosos. La construcción, decoración u ornamentación de algunos de ellos, fueron subsidiados en gran parte por los señores de la villa. Pertenecer a la aristocracia implicó, entre otras cosas, ejercitar obras pías o de caridad; razón por la cual, grandes fortunas fueron destinadas por los mayorazgos para constituir patronatos en templos y conventos. En cuanto a los estilos artísticos, a partir de 1630 y hasta bien entrado el siglo XVIII, "...asistimos a una renovación total de criterio: no son ya las obras platerescas anteriores las que han de imperar en los templos —dice Toussaint— sino que se va elaborando una nueva modalidad estilística que consiste en tomar elementos de todas las formas anteriores y construir con ellas un nuevo estilo: el barroco."

Originalidad del balcón de los perros de la Casa de Umarán.

Detalle de la fuente en las calles de Cuadrante y Cuna de Allende.

La Parroquia

San Miguel fue erigido en cabecera de curato en 1564 por Vasco de Quiroga, obispo de Michoacán, confiriéndolo a un religioso del clero secular.

La actual parroquia se edificó sobre la antigua, a fines del siglo XVII o principios del XVIII, bajo la advocación del Arcángel San Miguel, patrono de la villa. Su estructura ha sufrido varias modificaciones posteriores que han alterado su aspecto original. La parroquia antigua tenía dos torres, una más alta que la otra, y no tenía cúpula en el crucero. Las torres fueron demolidas a fines del siglo pasado para sustituirlas adosándoles un nártex en la fachada, todo en una curiosa configuración seudogótica. Esta modificación, así como la cúpula de crucero, son obra del maestro Zeferino Gutiérrez.

Los primitivos altares de madera dorada, que debieron haber sido una maravilla (de acuerdo a las noticias que tenemos de ellos), fueron reemplazados a mediados del siglo XIX, por otros de cantera de estilo neoclásico.

En la parte posterior del altar mayor, se encuentra el camarín del Señor Ecce-Homo, con una artística bóveda octogonal de sillares de cantera negra. El camarín descansa sobre una bóveda plana que sirve de techo a la cripta monumental, donde eran sepultados los prelados de la parroquia y los vecinos distinguidos de la villa.

La iglesia y la capilla del Señor de la Conquista (lateral izquierda), guardan una magnífica colección pictórica, en la que sobresalen las obras de Juan Rodríguez Juárez.

San Rafael o la Santa Escuela

En el mismo atrio de La Parroquia y a su lado izquierdo, se levanta esta iglesia, cuyo nombre de "Santa Escuela de Cristo" proviene de haber ahí instituido el padre felipense, Luis Felipe Neri de Alfaro, esa asociación piadosa a mediados del siglo XVIII. Esta, asimismo, perdió su torre original para dar lugar a otra también seudogótica, como la de La Parroquia. La severa portada con medallón de piedra y Santo Cristo esculpido, es la original del templo. Posteriormente se le adosó a su estructura otra pequeña capilla, y hacia 1891, el mercado Juan Aldama, del cual se conserva sólo la portada neoclásica.

La Tercera Orden

Iglesia franciscana construida a principios del siglo XVIII. Por su aspecto sencillo, fuerte y austero pareciera de una época anterior, sin embargo, es factible que su bendición haya sido en el año de 1713. Miguel Urtuzuástegui, vecino distinguido de San Miguel, dejó en su testamento quinientos pesos para su construcción.

San Francisco

Se empezó a erigir en 1779 y se terminó veinte años después. Sus fachadas figuran honrosamente entre aquellas de estilo churrigueresco. La portada lateral, dice Miguel Malo, "...contiene unos de los estípites más finos y esbeltos del churrigueresco guanajuatense". Su torre, atribuida a Tresguerras, es de estilo neoclásico, lo mismo que el decorado interior de la iglesia. La sacristía y la antesacristía albergan pinturas de buena factura. En ésta, destaca *La muerte de San Francisco* de Rodríguez Juá-

rez, y en aquélla, un *San Gabriel* de Juan Correa. De acuerdo al autor anteriormente citado, "...donativos y limosnas de pudientes familias locales y hasta los arbitrios por corridas de toros contribuyeron para su fábrica."

Multicolores en las fachadas de las casas.

El Oratorio de San Felipe Neri

El cura de Pátzcuaro Juan Antonio de Espinoza, a petición del pueblo sanmiguelense, fundó en 1712 la congregación de los padres del Oratorio. Los felipenses readaptaron la capilla del Ecce-Homo, perteneciente a la Cofradía o Hermandad de Mulatos, dándole mayores dimensiones y diferente orientación hasta lograr, en 1714, la construcción de su Oratorio. Para la instalación del claustro se anexó al cuerpo de la iglesia la casa donada por el capitán Severino de Jáuregui.

La fachada del templo es un hermoso y original ejemplo del barroco, muy notable tanto por su dibujo y buena factura en cantera como por su raro color de rosa. En

En el centro de la ciudad predominan los colores ocre y café.

Fuente remosada en la calle Caballero Baeza.

Fuente en las calles de Hospicio y Barranca

su interior, muy alterado por cierto, se conserva un buen número de excelentes óleos y una preciosa colección de esculturas estofadas. Sin embargo, esta iglesia ofrece, como lo más notable, la capilla de la Santa Casa de Loreto, localizada en su crucero izquierdo.

La Santa Casa de Loreto

Tres años después de establecerse en la Villa de San Miguel (1732), Manuel Tomás de la Canal, hijo de un rico almacenero de la Ciudad de México y dueño él mismo de un extenso mayorazgo, fundó y mantuvo esta magnífica capilla dedicada a la virgen de Loreto, de la cual era ferviente devoto.

La capilla, el camarín y la sacristía que conforman la Santa Casa, guardan notables joyas tanto arquitectónicas como pictóricas y escultóricas. Entre estas últimas sobresalen la de la Virgen de Loreto, ricamente vestida, y las policromadas de los esposos de la Canal, las tres ubicadas en el altar principal.

El interior del camarín, de planta octogonal, tiene tres maravillosos retablos de madera dorada con esculturas estofadas, que lo convierten en un exponente notable del estilo barroco exuberante. Está techado con bóveda sobre arcos cruzados de palpable influencia mudéjar.

Colegio de San Francisco de Sales

A partir de la fundación de la congregación, una de las primeras actividades emprendidas por los padres oratorianos o felipenses, fue la educación gratuita de niños y jóvenes, indígenas y españoles. A los niños se les enseñaba a leer, escribir y contar, sin faltar la doctrina cristiana; a los jóvenes, latín, artes y estudios mayores. En 1718, el padre Juan A. Pérez de Espinoza gestionó ante el rey de España la legalización de los estudios que se realizaban en el Colegio Salesiano: gramática, retórica, filosofía, teología escolástica y moral. Se concedió el real permiso y en 1734 la Universidad Real y Pontificia de México reconoció el programa de estudios del Colegio que desde entonces empezó a ser famoso, no sólo por ser el único en aquellas regiones, sino por las altas personalidades, tanto de maestros y alumnos, que por él pasaron.

El más ilustre de todos fue el padre Juan Benito Díaz de Gamarra y Dávalos. Estudió en las aulas oratorianas de San Miguel y también enseñó en ellas. En 1770 estableció un nuevo plan de estudios para el Colegio, que incluía las materias que en Europa transformaban el conocimiento y arremetían contra la tradición. Gamarra luchó contra la filosofía anquilosada y contribuyó en forma por demás activa a la difusión de la modernidad, ponderando desde las aulas del Colegio sanmiguelense los métodos de la razón y de la experiencia. Es muy probable que en esta institución, a la que acudían los jóvenes criollos, se comentaran las ideas del Contrato Social y la soberanía popular, tan caras a esa nueva visión del mundo que se abría

La Parroquia, y a su izquierda, la Iglesia de San Rafael o la Santa Escuela.

El Oratorio de San Felipe Neri, con su cantera de raro color de rosa.

Iglesia de Nuestra Señora de la Salud, con su amplísima concha.

paso inexorablemente. "Aun historiadores de la onda materialista —nos dice Luis González— reconocen el puente tendido entre la vida académica del siglo XVIII y la vida bélica que condujo a la separación de España."

Nuestra Señora de la Salud

Esta singular capilla debe su origen a la devoción del padre Luis Felipe Neri de Alfaro por la Virgen de la Salud, y a su riqueza personal. La Salud fue construida en 1735, como capilla del Colegio de San Francisco de Sales, y en ella severos sinodales recibían los exámenes y la junta de maestros otorgaba títulos doctorales.

La hermosa portada coloreada de estilo barroco, descrita por Miguel Malo como "churriguera incipiente", porque esboza estípites tallados, está guarecida bajo una elegante y amplísima concha. Los altares son neoclásicos, pero los originales debieron haber sido de madera dorada, barrocos, como todos los de las iglesias de principios y mediados del siglo XVIII. En esta capilla también se conservan buenas pinturas y esculturas.

Iglesia y Convento de la Concepción

Mejor conocido como "Las Monjas", este conjunto arquitectónico fue construido como resultado de la fijación como monja, de María Josefa Lina de la Canal y

Hervas, hija mayor de Manuel Tomás. Heredera de setenta mil pesos a la muerte de su padre y sintiendo deseos de quietud y soledad de claustro, decidió fundar un monasterio de religiosas concepcionistas en su villa natal.

La edificación se empezó en 1755 y se encomendó para ello al arquitecto Francisco Martínez Gudiño. Dada la magnitud de la obra, las monjas no pudieron trasladarse a su convento sino hasta diez años después. El convento y la iglesia se inauguraron el 28 de diciembre de 1765, aunque la torre y la cúpula no estaban terminadas. Ambas fueron construidas hasta el siglo XIX, en 1842 y 1891, respectivamente. El proyecto y la edificación de la espléndida cúpula de los dos cuerpos se debe al maestro Zeferino Gutiérrez. Tanto el claustro como el altar mayor son de estilo neoclásico. En el interior de la iglesia destacan las imponentes y austeras rejas de los coros alto y bajo, y en éste, el magnífico retablo dorado, regalo de Francisco José de Landeta, Conde de la Casa de Loja.

Otros templos antiguos y de singular interés en San Miguel son los de Santa Ana, San Juan de Dios y el Hospital de San Rafael, San Antonio de la Casa Colorada, Santo

Altar del Santo Señor de la Conquista, en la Parroquia de San Miguel Arcángel.

Hermosa cúpula de la Iglesia y el Convento de la Concepción.

Domingo, El Calvario, La Ermita, San José, Capilla del Valle del Maíz y el Oratorio de los Siete Dolores de la Santísima Virgen.

El Santuario de Atotonilco

Dentro del actual Municipio de Allende y a 14.5 kilómetros de San Miguel camino a Dolores, se encuentran ubicados el Santuario y la Casa de Ejercicios Espirituales de Atotonilco, fundados a iniciativa del padre Luis Felipe Neri de Alfaro, en los años comprendidos entre 1740 y 1748. El Santuario, dedicado a Jesús Nazareno, cuenta además con cinco capillas (Belén, la de la Casa de Loreto, la de Nuestra Señora del Rosario, La Purísima, El Calvario o Santo Sepulcro) y la sacristía. Del interior de ésta,

Miguel Hidalgo tomó el estandarte de la Virgen de Guadalupe en su marcha hacia la Independencia, entre Dolores y San Miguel. Otro acontecimiento que une la memoria colectiva al Santuario, es el del casamiento del teniente José Ignacio María de Allende con María de la Luz Agustina de las Fuentes, en 1802. Estos dos hechos han dado mayor celebridad al Santuario que el ser la casa de ejercicios más grande y probablemente la más concurrida de México.

El Santuario de Atotonilco, "baluarte del barroco novohispano" según se le califica, debe su pintura mural a Miguel Antonio Martínez de Pocasangre, quien además integró a los muros la poesía del padre Alfaro. Los interiores del Santuario (capillas, bóvedas, cúpulas y linternillas) están cubiertos con pinturas al fresco. Sobre los extraordinarios murales que decoran el conjunto religioso, nos dice Francisco de la Maza, que constituyen un "...ejemplo y joya de nuestra pintura popular, llena de espontaneidad y con gran sentido de color. Quien quiera conocer la auténtica y libre pintura mexicana, sin influencia de ninguna otra, sino sólo nacida del puro sentimiento artístico popular, y que se expresa en los exvotos, tendrá que ir a Atotonilco."

Desarrollo económico regional: La Villa de San Miguel y el bajío

La población

Del año de 1550 en adelante, la escasa población autóctona de la zona fue gradualmente desplazada por el arribo de grupos indígenas de otras regiones (tarascos, otomíes, tlaxcaltecas y mexicas), los que acudieron a conformar congregaciones indias cerca de la Villa de San Miguel, para trabajar en las estancias de ganado de los españoles. Pronto también las fuentes de trabajo que ofrecía la región del bajío atrajeron a una pluralidad de grupos de diversos puntos del territorio novohispano. Por efecto de estas nuevas inmigraciones, el bajío, al igual que su zona de influencia, estuvo,

Interior de la Iglesia de la Concepción; al fondo, las rejas de los coros alto y bajo.

En perfecto estado de conservación se encuentra el retablo dorado del coro bajo del Convento de la Concepción.

ya en el siglo XVII, poblado por toda clase de personas: indígenas, españoles y negros. Todos estos grupos, étnica y culturalmente diferentes, se mezclaron y se convirtieron en una población relativamente homogénea: el mestizo novohispano por excelencia.

La industria artesanal textil

Como resultado de la gran movilidad poblacional característica de la región del bajío, la Villa de San Miguel contó con suficiente mano de obra para la actividad económica. Esta movilidad fue provocada, en el siglo XVIII, por el rápido crecimiento demográfico y debido a que las minas y tierras, en periodos de contracción económica, expulsa-

Portada de la Santa Casa de Loreto.

Uno de los retablos del camarín octagonal de la Casa de Loreto.

ban un excedente de trabajadores que se refugiaban en las actividades manufactureras para su sostenimiento.

La población trabajadora que iba asentándose en San Miguel, de crecido número y de singular habilidad para el tejido, la peletería y la herrería, aseguró el desarrollo de la actividad artesanal que, para 1750, abarcaba una amplia gama de productos; algunos de ellos expresión particular de la villa. De esta forma, San Miguel fue especialmente famoso por sus sillas de montar y por aquellas artesanías que se derivaron de una actividad típica del bajío: la charrería.

No obstante, la actividad económica que dio sustento a la existencia de la villa fue la manufactura textil lanera. El empleo más importante de sus habitantes estaba en el obraje (fábrica grande) en el que se concentraba un número regular de trabajadores. Junto a estas instalaciones existieron otros establecimientos de tipo familiar, los talleres, que operaban con uno o dos telares domésticos, y que permitieron la subsistencia de muchas familias avecindadas en la villa.

La organización interna de la actividad textil se caracterizó por una marcada diferenciación, basada en características étnicas y sociales, los gremios, y una estratificación en la ubicación del trabajador como aprendiz, oficial o maestro. Cada fase de la producción textil (hilado, tejido, estampado y confección) solía estar en manos de un grupo étnico en razón de las restricciones legales impuestas a indios y castas, o del mayor o menor capital que requería.

El sistema de gremios, contemplado en la legislación española de Las Ordenanzas de Gremios, tenía reglas complementarias emanadas del Ayuntamiento de la villa, al cual pertenecían muchos de los propietarios de los principales obrajes.

De esta manera, podemos decir que el Ayuntamiento impuso al obraje sanmiguelense sus propias reglas de funcionamiento, y resultó que además de monopolizar la fase del tejido, el obraje acaparó el rendimiento de los talleres para complementar su organización productiva, sujetando así, sobre todo, a los procesadores de la materia

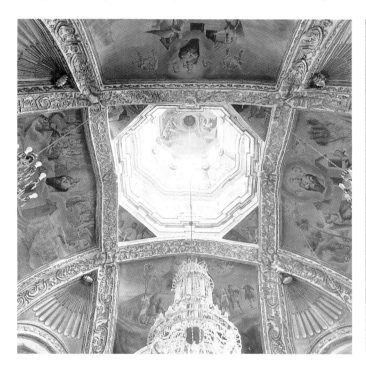

prima: cardadores e hiladores que, de manera independiente, trabajaban en sus hogares.

A partir de 1570, el punto de partida para la sobrevivencia y sustentación del obraje era el control absoluto de la producción y del trabajador, aunque fuera por la violencia y la coerción. Se sabe que las pésimas condiciones laborales y los bajos salarios produjeron un sinnúmero de conflictos obreros en San Miguel, generándose tensiones sociales que algunas veces fueron resueltas mediante la intervención de la Iglesia.

Para finalizar el siglo XVIII, la especialización y el auge textil sanmiguelense se tradujeron en la oferta de varios artículos de calidad. Esto, aunado a la magnitud de la producción, convirtió a San Miguel en uno de los grandes centros productores de telas de la Nueva España.

Pero el auge alcanzado por la villa al mediar el siglo XVIII, fue posible gracias a su posición dentro del complejo económico del bajío, el cual a fines de ese siglo se constituyó como una unidad regional autosuficiente y, por lo tanto, económicamente independiente de la Ciudad de México, y ajena a los intereses de la corona.

Las pinturas de la bóveda y la hermosa linternilla del camarín.

Decorados barrocos sorprendentes y bien conservados.

El complejo económico del bajío

Con el descubrimiento del Real de Minas de Santa Fe de Guanajuato y su posterior desarrollo, que culminó en su integración como pieza importante del complejo económico del bajío, se dieron varios sucesos que permitieron preparar una nueva estructura durante el siglo XVII.

Así, el debilitamiento que sufrió el imperio español a partir de 1620 —debido a sus guerras en Europa, entre otras causas— tuvo grandes efectos en las relaciones comerciales con la Nueva España: el intercambio ultramarino disminuyó y paralelamente se fortalecieron los mercados internos de las colonias.

La actividad minera de la Nueva España entró en crisis al reducirse sus intercambios con la Metrópoli, por lo que las minas y las actividades que surgieron ligadas a ellas, cambiaron su orientación, al dirigirse a la satisfacción de las necesidades locales.

El relativo abandono de la Nueva España por parte de la corona, permitió que se reordenaran la economía y la sociedad del bajío, y hasta 1760 se dio un complejo regional articulado y autosuficiente. En este periodo San Miguel también gozó de un largo respiro de sus obligaciones, y fue posible afianzar el control económico y político de la villa por medio de un amplio juego de intereses familiares.

La hacienda ganadera

La región de San Miguel fue vecina de la zona que la administración colonial diseñó, desde el siglo XVI, como área de mantenimiento de, entre otras, el Real de Minas de Santa Fe de Guanajuato. Su vecindad con el bajío le permitió compartir características y procesos socio-económicos que se derivaron principalmente de la actividad ganadera.

Esta actividad se fue conformando debido a las condiciones naturales —la altitud, el clima, la existencia de llanuras y mesetas en un conjunto de altiplanos interrumpidos por las serranías, tierras cubiertas de vegetación semiárida y ricos pastos— que proporcionaban un medio excelente para la cría del ganado. El ganado proveyó de fuerza motriz y materias primas a la minería, al comercio y a la actividad manufacturera.

Las haciendas de la jurisdicción de la Villa de San Miguel el Grande tuvieron su origen en las estancias ganaderas del siglo XVI. Estas extensiones de labor y sustento llegaron a abarcar hasta más de 18 caballerías y rebasaron por mucho las concesiones originales de tierras hechas a los vecinos fundadores de la villa (una o dos caballerías, de aproximadamente 43 hectáreas cada una). De este modo, para el siglo XVII los verdaderos dueños de la tierra, los grandes hacendados sanmiguelenses, fueron los españoles y los criollos.

La hacienda, en términos generales, se caracterizó no sólo por su gran extensión territorial sino porque definió una cierta fisonomía rural, y condicionó a muchos el acceso a la tierra. En la región de San Miguel, las diferencias entre las partes altas y bajas dieron lugar a dos tipos básicos de explotaciones: las del valle y las de la montaña. Estas últimas se dedicaron mayormente a la cría de ganado, y el dueño solía supervisar personalmente su desempeño. Además de las grandes haciendas y mayorazgos en manos de poderosos terratenientes aristócratas y comerciantes, existieron en el campo sanmiguelense, numerosos ranchos arrendados por las haciendas o dados en aparcería a indios y mestizos.

En las haciendas ganaderas surgió un nuevo tipo de trabajador rural, el vaquero, quien pronto fue característico de la zona por su singular destreza en el uso del caballo. Indígenas, negros y mulatos componían la base trabajadora de estas haciendas, y servían a sus amos por un salario fijo o por pago en especie.

Por otra parte, la consolidación de la hacienda en la región de San Miguel fue la causa de la pérdida irrestricta de la escasa propiedad indígena. Para el siglo XVII, los "pueblos de indios", concentrados mayoritariamente en la Congregación de Dolores y en la Villa de San Felipe, comenzaron a perder su identidad por el despojo de sus propiedades y por la conversión de los indígenas en peones y sirvientes de las propiedades de peninsulares y criollos.

La evolución de las haciendas en San Miguel se dio en forma paralela al pausado transcurrir de la actividad minera del bajío; ambas actividades alcanzaron su más alto nivel en la última mitad del siglo XVIII.

El capital invertido en las áreas rurales se integró con otros negocios urbanos. Un ejemplo de ello es el de la fortuna de Manuel Tomás de la Canal, que provenía de la actividad mercantil en la Ciudad de México. Este caballero vinculó su mayorazgo y sus haciendas de la región de San Miguel, que le proporcionaban la materia prima para sus obrajes y para sus actividades comerciales y ganaderas extraterritoriales.

Iglesia de San Francisco y su magnífica torre.

Detalle de la portada churrigueresca.

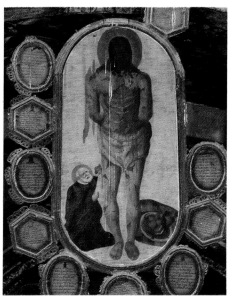

Extraordinaria pintura en un solo lienzo, por el frente y la vuelta, con medallones pintados a su alrededor, y que cuelga en el coro del Templo de Jesús Nazareno del Santuario de Atotonilco.

El bajío agrícola

Pese a lo temprano del descubrimiento de la "Veta Madre" en el Real de Minas de Guanajuato, la actividad minera de la región fue poco significativa durante los siglos XVI y XVII. Las fértiles planicies al sur de la Sierra de Guanajuato fueron, antes que la minería, la fuente más importante de suministros agrícolas para el rápido crecimiento de la actividad minera en Zacatecas y Durango.

La riqueza de las tierras del bajío y la seguridad y constancia de los mercados dentro y fuera de la región generaron una consistente agricultura comercial; durante el siglo XVII, la región del bajío era más conocida por su actividad agrícola que por sus minas. Desde entonces, el bajío fue uno de los grandes productores de trigo de la Nueva España, situación que le confirió un lugar importante como proveedor de alimentos. Sin embargo, hacia la segunda mitad del siglo XVIII, la minería guanajuatense se activó y tomó una posición de liderazgo en la producción de metales preciosos.

La bonanza minera estimuló en forma sorprendente el desarrollo comercial en sus zonas aledañas. Las cualidades del suelo y las inversiones hicieron de los campos del bajío (Acámbaro, Celaya, Salamanca, Irapuato, Silao, León) los mejores cultivados de la Nueva España. La agricultura del trigo y del maíz fue tan próspera, que le confirió a la región el merecido título de granero de la Colonia.

En la región de San Miguel, como parte de esa dinámica, hacia mediados del siglo XVIII el cultivo de la tierra empezó a predominar sobre la ganadería. Esta nueva orientación no significó el abandono de la actividad secular de San Miguel, la ganadería, sino una diversificación estimulada por los magníficos mercados para sus productos agrícolas.

La actividad comercial

Los yacimientos de plata descubiertos en Guanajuato dieron lugar al surgimiento de rutas comerciales. Estas rutas dieron al territorio abajeño una interesante cohesión, que propició lo que se ha denominado un complejo urbano regional.

El bajío era cruzado por tres grandes rutas comerciales: las del norte, de Santa Fe y San Luis Potosí; la de occidente, que llegaba a Guadalajara; y una tupida red de caminos reales y rutas vecinales en el ámbito de la región. La Villa de San Miguel, situada estratégicamente en el centro de la actividad mercantil, fue foco de atracción del mercado regional, a donde concurrían los productos mineros, los agropecuarios y los elaborados en la comarca.

San Miguel participó en este intercambio comercial con dos grandes industrias artesanales derivadas de la cría de ganado: la lana y el cuero. Estas actividades productivas, como se sabe, arrancaron desde el siglo XVI, pero fue en el XVII y XVIII cuando se convirtieron en una producción a gran escala que satisfacía no sólo los requerimientos comarcanos del bajío, su principal mercado, sino también algunos mercados más alejados. Además, la bonanza ganadera convirtió a la villa en importante proveedora de carne, manteca y pieles, productos que llegaron a venderse en lugares como Veracruz y Acapulco.

El pequeño comercio local de la villa estaba constituido por tiendas de abarrotes o "pulperías", panaderías, tocinerías, tiendas de granos y tendajones. Las ventas al mayoreo se realizaban en los almacenes en donde existían, además de productos regionales, los de importación. Los dueños de los almacenes eran españoles y criollos, y algunos estuvieron ligados al monopolio comercial que ejercieron los poderosos almaceneros de la Ciudad de México hasta 1789, año en que se hizo efectivo en la Nueva España el Decreto de Libre Comercio.

Pese a que la región del bajío se vio favorecida por este decreto, que abría nuevos corredores a la circulación de mercancías, la industria textil, la más importante en la producción de bienes de uso, y parte fundamental del engranaje de su comercio interregional, comenzó a decaer debido a la saturación del mercado de telas y artículos de algodón de origen europeo. Este fenómeno provocó fisuras en el sistema económico regional que venía funcionando a lo largo de más de dos siglos.

La instauración del libre comercio no fue el único cambio profundo iniciado en la Nueva España a partir de 1765. España, urgida de recursos, implantó sucesivas reformas administrativas y fiscales con objeto de recuperar el control sobre sus colonias americanas y obtener de ellas mayor financiamiento.

Las reformas emprendidas por Carlos III de Borbón (las reformas borbónicas, que acentuaban el carácter colonial de la Nueva España), dieron lugar a que los habitantes del bajío y sus zonas aledañas, que tenían una fuerte conciencia regional y gozaban de autonomía económica, emprendieran el enfrentamiento final con la Metrópoli, en defensa de sus intereses.

Nave central del Templo de Jesús Nazareno, con los murales pintados por Miguel Antonio Martínez de Pocasangre.

Capilla de Nuestra Señora del Rosario en el Santuario de Atotonilco.

San Miguel el Grande: Crisol de la Independencia

El sistema de intendencias

A mediados del siglo XVIII la Nueva España crecía y prosperaba. Este progreso, que se puede atribuir a la acción del despotismo ilustrado europeo, consistió, en términos generales, en una política renovadora para la explotación racional y redituable de las colonias en América.

Las reformas borbónicas constituían una serie de medidas para frenar el poder y la autonomía que, gracias a una red de intereses y privilegios, habían desarrollado algunos grupos y corporaciones. Estos grupos mantenían una dependencia tan solo formal de España; por lo que ésta trató a toda costa de usufructuar los excedentes de sus posesiones ultramarinas, quitándoselos a quienes de hecho los disfrutaban. Para tal efecto, en 1786 se promulgaron las *Ordenanzas de Intendencias*, que reorganizaron la administración del espacio novohispano en doce unidades territoriales.

La imposición del sistema de intendencias asestó un fuerte golpe a la autonomía alcanzada por la Alcaldía Mayor de San Miguel, al ser erigida en cabecera de la intendencia la ciudad de Santa Fe de Guanajuato. La Villa de San Miguel quedó así sujeta a su jurisdicción y, por consiguiente, subordinada al nuevo engranaje del poder español.

Los efectos de la nueva administración de la Nueva España se dejaron sentir con fuerza hasta 1790, cuando Andrés Amat y Tortosa, intendente de Guanajuato, dispuso la segregación de la entonces floreciente Congregación de Dolores de la jurisdicción de San Miguel, arrebatándole así a su poderoso Ayuntamiento el dominio sobre la producción lanar, y el acceso a los impuestos y tributos de la población indígena de dicha congregación.

El hostigamiento al Ayuntamiento también se manifestó por la censura de la intendencia a las excesivas fiestas de San Miguel y la posterior prohibición de sus corridas de toros, que llegaban a durar hasta dos semanas, y de las que el Ayuntamiento sanmiguelense recibía el treinta por ciento de las ganancias. Paulatinamente, la cabecera de la intendencia fue restando expresión política y poder administrativo y económico al grupo criollo que había centrado su poder en el control del Ayuntamiento. Los enfrentamientos entre las dos instituciones fueron una constante hacia fines de la Colonia. Pero para hacer acatar las disposiciones de la Metrópoli se creó otro mecanismo borbónico que debía garantizar el control de la situación colonial: el ejército.

Formación del Regimiento de Dragones de la Reina

En 1762, al perder España la ciudad de La Habana, a manos de los ingleses, la corona se vio en la necesidad de reorganizar el aparato militar de sus posiciones americanas. En realidad, el apremio también encubría el nuevo papel que habría de desempeñar el aparato militar en la Nueva España.

Para garantizar la fidelidad a la corona, el proyecto inicial consistió en enviar a la Nueva España ejércitos peninsulares. Sin embargo, esta medida pronto tuvo que ser modificada, debido a la dificultad que representaba para la Real Hacienda el mantenimiento de tropas regulares traídas de España. En su lugar se formaron cuerpos

José Ignacio María de Allende y Unzaga.

de milicianos, integrados por habitantes novohispanos y entrenados por militares españoles. La dimensión, composición y financiamiento de las milicias provinciales dio lugar a una de las mayores y más largas controversias de la época con los enviados de la corona para tal propósito. Finalmente, entre los múltiples proyectos expuestos se eligió el propuesto por el virrey Branciforte (1794-1798).

El plan de Branciforte vino a salvar dos grandes obstáculos para la consolidación del ejército colonial: su financiamiento y el reclutamiento de tropas. La situación precaria de las arcas reales, la resistencia de los novohispanos a afiliarse a un oficio que les era completamente ajeno y la renuencia de los ayuntamientos a prescindir de parte de la población económicamente activa, fueron solucionados por el proyecto de Branciforte mediante la concesión del fuero militar y la venta de puestos de mandos militares.

En regiones como la de San Miguel el Grande, al involucrar en su mantenimiento económico a los ricos propietarios de la zona, se condicionó notablemente el carácter y la evolución de las milicias. Así, a la idea original del virrey Branciforte de crear un regimiento de infantería en Celaya, con cuadros de Dolores, San Felipe y San Miguel, el Cabildo de este último se comprometió a costear por su cuenta una compañía. Pero las aportaciones por parte de los criollos destacados fueron de tal magnitud que Miguel Malo y Hurtado de Mendoza solicitó al virrey se concediese a la Villa de San Miguel un cuerpo propio, independiente del de Celaya. En octubre de 1795 Branciforte accedió a la petición y determinó la formación del Regimiento Provincial de Dragones de la Reina en San Miguel, integrado por doce compañías distribuidas en San Miguel, Dolores y San Felipe.

Los principales patrocinadores del Regimiento de Dragones de la Reina en San Miguel fueron, precisamente, los miembros más conspicuos del Ayuntamiento y los más fuertes terratenientes de la región: los Landeta, los Lanzagorta, los de la Canal, los Malo, los Allende y los Aldama, entre otros. Ligados entre sí por múltiples lazos de parentesco, y educados bajo la influencia de las ideas ilustradas, estos americanos conformaban una avanzada ideológica. Ellos compraron y ocuparon los grados superiores del cuerpo miliciano, lo pertrecharon y lo proveyeron del grueso de sus hombres. De esta manera, y en definitiva, se asoció a los criollos de San Miguel a la estructura, funcionamiento y comando de su milicia.

Ignacio Allende

José Ignacio María de Allende y Unzaga nació en San Miguel el Grande el 21 de enero de 1769. Fue hijo del español Domingo Narciso de Allende y de la criolla María Ana de Unzaga, ricos comerciantes y hacendados de la villa. Es muy probable que Allende haya estudiado en el Colegio de San Francisco de Sales de su tierra natal, plantel al que asistieron también los hermanos Aldama. En 1795, al formarse el Regimiento de Dragones de la Reina, Allende ingresó a sus filas comprando, según la costumbre, el grado de teniente de la Tercera Compañía.

Desde entonces, y hasta 1804, las acciones militares de los Dragones de San Miguel fueron pocas y se circunscribieron básicamente a ejercicios de adiestramiento y a expediciones de vigilancia. Sin embargo, a partir de 1805, rota la paz de Amiens entre España e Inglaterra, las maniobras y simulacros de las tropas coloniales fueron frecuentes en la Nueva España, como prevención ante un posible ataque por parte de Inglaterra.

Del interior del Santuario de Atotonilco, los insurgentes de 1810 tomaron el estandarte de la Virgen de Guadalupe.

El cuerpo miliciano sanmiguelense estuvo presente en la concentración militar de 1808, en el ejido de la Acordada de la Ciudad de México y de ahí pasó a acantonamiento en San Juan de los Llanos, en las inmediaciones de Jalapa. Estas operaciones significaron para Allende, además de su ascenso al grado de capitán, por mérito en el servicio del ejército, la experiencia en la disciplina militar y el intercambio de ideas revolucionarias con algunos miembros liberales y masones concentrados en la gran reunión de militares de Jalapa; elementos ambos que determinaron su papel en el proceso histórico.

Por otra parte, en ese mismo año, estando acantonado todavía en Veracruz, Allende sigue y comenta con avidez las noticias que llegan de la Metrópoli: la invasión napoleónica de España y la abdicación de Fernando VII en favor de Bonaparte. De la capital del virreinato también llega información: el golpe de estado al virrey Iturrigaray y los arrestos de Primo de Verdad, Talamantes y Azcárate. Era tiempo de actuar. Las condiciones estaban dadas para fraguar el movimiento independentista.

Ignacio Allende regresó a San Miguel a fines de 1808, después de una breve pero significativa estancia en Querétaro. Su retorno coincide con una serie de reuniones secretas con sociedades patrióticas en varios puntos de la región del bajío, a fin de urdir estrategias de lucha contra el gobierno español. Fue en las conspiraciones de Querétaro y San Miguel, sin embargo, donde se decidió el destino de la Nueva España. En aquélla, Allende representó un papel clave, y en ésta, presidió las reuniones disfrazadas de tertulia, en casa de su hermano Domingo.

Al ser descubierta la conjura de Querétaro, los conspiradores sanmiguelenses tomaron con premura las riendas de los acontecimientos. Allende acudió de inmediato a Dolores a informar a Hidalgo acerca del peligro que se cernía sobre ellos. Después de algunas horas de caluroso debate se decidió tomar presos al subdelegado de Dolores y a los demás españoles vecinos de la congregación. El camino estaba abierto para la expresión clara y manifiesta de los deseos de autonomía de los criollos.

La insurgencia en San Miguel el Grande

Después de los sucesos ocurridos la madrugada del 16 de septiembre de 1810 en el atrio de la iglesia parroquial de Dolores, los revolucionarios partieron hacia San Miguel el Grande. Lejos de ofrecer resistencia a las filas insurgentes, el grueso de los sanmiguelenses se incorporó a ellas con júbilo. No obstante, las diferencias socioeconómicas de la población, la inseguridad de los obreros textiles ante el declive de su fuente de trabajo y la hambruna provocada por la crisis agrícola de 1809-1810, se expresaron en forma violenta y desesperada. Durante los tres días que los cabecillas del movimiento permanecieron en la villa, las agresiones y delitos cometidos en las personas y propiedades comerciales y manufactureras de los potentados dieron lugar a la controversia fundamental que, en torno a la concepción de estos hechos se abriera entre el militar Allende y el cura de Dolores.

En San Miguel, sin embargo, fue Allende el puente entre el ejército y la población. Por un lado, el capitán Allende fue el factor determinante de la adhesión de gran parte del Regimiento de Dragones a la causa y, por el otro, su arraigo en la villa contribuyó a que la población viera y sintiera el movimiento como algo propio. Pero el principal mérito de Allende radicó en haber sido consecuente con las ideas de su clase, y en haber sabido encauzar a muchos criollos inconformes. Estos, no en balde, dirigirían más tarde el destino de la nueva nación.

La madrugada del 19 de septiembre de 1910, las huestes insurgentes continuaron su camino hacia Celaya. Pero antes, pusieron bajo resguardo a los españoles en el Colegio de San Francisco de Sales, y nombraron a las nuevas autoridades de la villa.

De tal suerte, el nombre de Ignacio Allende quedó en la historia ligado al de su natal San Miguel. El 8 de marzo de 1826, consumada la Independencia, el Congreso del estado la convirtió en ciudad y le modificó el nombre, que en lo sucesivo sería Ciudad de San Miguel de Allende, en honor del gran insurgente que naciera en ella.

Epílogo

Las operaciones guerrilleras que por varios años sostuvieron el espíritu insurgente en la intendencia de Guanajuato, y la contraofensiva realista para exterminarlas, produjeron un agotamiento tal que empobreció y prácticamente aniquiló la vida de los centros urbanos del bajío. Así, al consumarse la Independencia, en 1821, el complejo del bajío había perdido su equilibrio económico, al no contar con el motor de la actividad minera.

Lienzo anónimo pintado al óleo en la segunda mitad del siglo XVIII. Este lienzo es semejante a aquel otro que tomaron los insurgentes como estandarte y con el cual hicieron su entrada a la Villa de San Miguel el 16 de septiembre de 1810. Museo Histórico de San Miguel. INAH. CNCA. Mex.

Plaza principal, la Parroquia y la torre del reloj en San Miguel, hacia 1870.

Panorámica del siglo XIX (1823-1876)

La vida republicana de México se inició en 1823, una vez liquidado el fugaz imperio de Agustín de Iturbide. Al organizarse el territorio mexicano en una federación, el gobierno intentó reactivar las principales fuentes económicas del país; necesitado de la producción minera, puso su atención en el estado libre y soberano de Guanajuato. La riqueza potencial de Guanajuato pasó así a ser parte de los intereses y proyectos nacionales y extranjeros, por lo que la entidad perdió, aparentemente, su personalidad, durante gran parte del siglo XIX.

En términos muy generales, durante este periodo los esfuerzos del gobierno estuvieron puestos en la organización política y económica de la nación. El cómo debería llevarse a cabo la construcción del proyecto nacional, constituyó la brecha ideológica entre los partidos que durante varias décadas del siglo XIX se disputaron el poder: el liberal y el conservador.

Guanajuato, a través del gobernador Manuel Doblado, manifestó su adhesión al liberalismo en agosto de 1855, al unirse a la proclamación del Plan de Ayutla, que desconocía al dictador Santa Anna. Al estallar la guerra de Reforma (1858-1860), que enfrentó con violencia a liberales y conservadores, Guanajuato acogió al presidente Benito Juárez, al ser desconocido por las fuerzas del conservadurismo. Del 17 de enero al 13 de febrero de 1858 la capital del estado se convirtió en sede de los Poderes de la Unión. Dos años más tarde, el general Doblado publicó en Guanajuato las *Leyes de Reforma*, que permitieron la venta a particulares de los bienes inmuebles, rurales y urbanos, pertenecientes al clero. Esta medida favoreció un reacomodo en las clases sociales guanajuatenses y el surgimiento de un nuevo grupo de poder: los comerciantes, verdaderos beneficiarios de la política liberal de desamortización.

En cuanto al proceso particular de San Miguel de Allende, éste estuvo condicionado a la recuperación demográfica y al apoyo gubernamental para la reorganización de su economía. La incipiente restauración de la minería —debida a la inyección

Panorámica de la ciudad, las cúpulas y las torres de sus iglesias hacia principios del siglo XX.

de capitales británicos—, y de la agricultura, favoreció un paulatino aumento poblacional y coadyuvó en la urgencia de producir bienes de consumo. Estos, claro está, estuvieron enfocados al consumo interno más indispensable y a la exigua capacidad de compra de la población.

Entre 1831 y 1845, debido a los planes nacionales de fomento a la industria textil, la cabecera del departamento de San Miguel de Allende logró convertirse en un centro textil de mediana importancia, donde la producción artesanal siguió privando sobre la tendencia a la industria mecanizada. El cambio más significativo se dio en 1867, cuando el general Florencio Antillón, gobernador del estado durante diez años ininterrumpidos (1867-1876), como parte de su programa de gobierno, apoyó la inversión de capitales en la industria textil sanmiguelense. Para 1873, los textileros de la lana habían recobrado su prestigio como productores de jorongos que se tejían en 350 telares.

Entre los "valiosos acontecimientos dignos de recordación" en la historia de San Miguel está la llegada de los emperadores Maximiliano y Carlota de Habsburgo a la ciudad, el 13 de septiembre de 1864. Pese a que San Miguel de Allende fue capital de las tropas liberales en 1858, durante la guerra de Reforma, y a que el Ayuntamiento sanmiguelense fue puntal contra la monarquía española, sus miembros no sólo dieron la más cordial bienvenida a los flamantes monarcas, sino que felicitaron "...de todo corazón a Vuestra Majestad, así como a su excelsa esposa por su bienaventurado arribo a la capital del Imperio..."

El 19 de junio de 1867 concluyó la fallida aventura imperial y se reinstaló el régimen republicano. Guanajuato recuperó su condición de estado libre y soberano e inició, por primera vez desde la Independencia, una etapa de crecimiento económico sostenido. Mucho tuvo que ver en ello el talento organizativo y el trabajo político del general Florencio Antillón. El estado se preparó así para irrumpir en el gran proyecto nacional ponderado por el general Porfirio Díaz: la construcción de un país pacificado, unificado y moderno.

SAN MIGUEL EN EL SIGLO XX

César Arias de la Canal

El cambio de siglo: del Porfirismo a las convulsiones revolucionarias

La estabilidad política de las últimas décadas del siglo XIX permitió una cierta recuperación económica de la ciudad de San Miguel de Allende. Las grandes haciendas rurales se consolidaron como unidades productivas y sociales y se construyeron presas, acueductos y otras obras hidráulicas de importancia, que aún podemos admirar en el municipio. En la zona urbana, gracias al agua abundante de los manantiales, florecieron y se multiplicaron las huertas de árboles frutales, a partir de toda una tradición de hábiles hortelanos y jardineros. Los oficios se desarrollaron y excelentes maestros constructores, canteros, ebanistas, herreros, etcétera, dieron fama a San Miguel hasta ya entrado el nuevo siglo. Algunas industrias, como la textil, resurgieron e infundieron vida a la antigua villa colonial tras más de cincuenta años de decadencia económica.

Esta prosperidad relativa se manifestó en obras públicas y privadas que modernizaron y embellecieron a la ciudad, aunque en muchos casos destruyendo la unidad arquitectónica, predominantemente barroca, del siglo XVIII. Bajo la influencia francesa imperante, las fachadas y los patios de muchas casas fueron transformados de acuerdo con modelos neoclásicos, al igual que los altares y retablos de muchas iglesias.

A estos años correspondió la inauguración del teatro más antiguo del estado de Guanajuato, de factura neoclásica, con la presentación de la cantante de ópera Angela Peralta, mismo que todavía se conserva con el nombre de la famosa intérprete mexicana, localizado en las calles de Mesones y Hernández Macías. Sobre la misma calle de Mesones, dos cuadras más arriba, fue erigido un amplio edificio, el mercado Insurgentes, frente al templo de La Salud, el cual fue demolido totalmente no hace mucho tiempo, en los años sesenta, con el propósito de crear una Plaza Cívica.

A partir de este afán renovador, el maestro de obras Zeferino Gutiérrez tuvo a su cargo la modificación radical de las fachadas barrocas de La Parroquia y de la iglesia contigua, denominada La Santa Escuela, así como de la torre de El Reloj, en el corazón de la ciudad, en base a modelos góticos, inspirados sin duda en estampas de catedrales europeas que llegaban a México por aquellos tiempos. A pesar de la incongruencia estilística que significa este conjunto de edificios con respecto al resto de la ciudad ¿quién podría hoy pensar en San Miguel de Allende sin la imagen inconfundible de La Parroquia?

◄

Aspecto del Jardín Principal hoy en día.

Los manantiales de El Chorro fueron remozados.

A Don Zeferino se le atribuye, asimismo, la gran cúpula de la Iglesia de la Concepción, conocida también como Las Monjas, ubicada a una cuadra del Jardín Principal, esta vez aparentemente inspirado en otra estampa que llegó a sus manos: Los Inválidos de París. La semejanza entre ambas cúpulas —nos hace ver el Dr. Atl— es sorprendente.

Los espacios públicos también se modificaron durante estos años. La tradicional Plaza de Armas, novohispana, abierta y adoquinada, se convirtió en el Jardín Principal, arbolado, como lo conocemos hoy, donde la fuente central fue sustituida por el quiosco con balaustradas, siguiendo los gustos que se extendieron en todo el país. Fueron remozados los manantiales de El Chorro, venero que ha dado vida a San Miguel desde su origen, ubicado a unas cuantas calles del centro, donde se construyeron depósitos de agua, albercas, terrazas, jardines y los lavaderos públicos, utilizados hasta la fecha por la población. El conjunto está coronado, en su parte más alta, por una pequeña torre que alberga el antiguo reloj del Jardín Principal, todavía en operación. Todo este espacio público y recreativo fue extendido aguas abajo del manantial, durante los primeros años del nuevo siglo, con el establecimiento del Parque Benito Juárez, donde el orden simétrico y lineal de sus modelos franceses sucumbió ante la exhuberancia de chirimoyos y zapotes, y ante el gusto barroco de los sanmiguelenses.

La construcción de la vía del ferrocarril permitió a San Miguel salir del aislamiento y enlazarse con el resto del país. El recorrido de la estación al centro se realizaba por medio de un célebre tranvía, el cual siguió operando hasta bien entrado el nuevo siglo. Cuesta arriba, avanzaba lentamente jalado por un tiro de esforzadas mulas; cuesta abajo, las mulas eran desenganchadas y el tranvía descendía por su propio impulso.

La vida social en la ciudad porfiriana era apacible y recatada. Las familias de hacendados y comerciantes, algunas sanmiguelenses con arraigo y otras recién llegadas, se unían por vínculos matrimoniales y organizaban paseos, misas, comedias y veladas musicales, donde los valses de Chopin alternaban con el aroma del chocolate humeante y el sabor de los *tumbagones* y otros dulces locales. Las fiestas populares religiosas, organizadas por gremios, barrios y comunidades, no dejaban de celebrarse a lo largo del año, animadas por danzas ancestrales, procesiones devotas, bailes al ritmo del son y de la polca, y vistosos fuegos artificiales.

Esta nueva prosperidad de la ciudad de San Miguel, sin embargo, tuvo su contraparte, ya que se dio al parejo de un mayor autoritarismo y centralismo políticos y de una creciente desigualdad social. El poder de los ayuntamientos electos fue desplazado por la imposición de los llamados Jefes Políticos, nombrados directamente desde la Ciudad de México para gobernar los municipios.

Pese a que la política agraria de la época auspició la concentración de la tierra en pocas manos, el estado de Guanajuato no participó en el proceso de acumulación de tierras que se dio en las regiones del sur, sureste y norte de la República. La escasa existencia de terrenos baldíos y de comunidades indígenas en el estado impidieron el acaparamiento de tierras y el crecimiento desmedido de las haciendas. No obstante, en el bajío guanajuatense el descontento no tardó en manifestarse y se registraron movimientos populares como el del maestro de escuela Cándido Navarro, que constituyeron apoyos regionales importantes para la lucha revolucionaria.

Los lavaderos públicos hacia la parte baja de El Chorro.

El Parque Benito Juárez con sus chirimollos y zapotes.

A partir del estallido de la revolución maderista de 1910, el auge minero de Guanajuato se vio paulatinamente eclipsado por la inestabilidad y la incertidumbre que trajo consigo la guerra civil, y también la bonanza de San Miguel de Allende comenzó a declinar. Si bien la ciudad se mantuvo prácticamente al margen de las luchas revolucionarias, no se libró de las constantes incursiones de tropas carrancistas, villistas y de otras facciones que, a su paso, exigían sumas de dinero a los residentes acaudalados y confiscaban animales y cosechas en las haciendas vecinas. Muchas familias comenzaron a retirarse hacia ciudades más seguras, a la vez que los sectores populares emigraban ante la declinación de las haciendas y el comercio, muchas veces engrosando las filas de los grupos alzados en armas.

Como ocurrió cien años antes, durante la guerra de Independencia, ahora San Miguel volvía a decaer y a despoblarse, sólo que esta vez de manera gradual. Tras una década de luchas revolucionarias, cuando parecía venir un periodo de calma y recuperación, se sucedieron la guerra cristera y los conflictos derivados del reparto agrario. La ciudad de San Miguel, por su vecindad geográfica con las zonas más beligerantes, no se libró del saldo de destrucción, despojo, violencia y muerte. Abandonadas las haciendas, improductivo el campo y restringido el comercio, al inicio de los años treinta la antigua villa colonial, la próspera ciudad porfiriana, se había transformado en un pueblo semiderruido.

Poco a poco, a medida que la situación política de la región se estabilizaba, San Miguel de Allende comenzó de nueva cuenta a recuperarse. Los barrios y comunidades recobraron vida, apegados a sus oficios, labranzas y tradiciones de antaño. Algunas familias de antiguos propietarios regresaron (otras nunca más lo hicieron) y nuevos pobladores fueron comprando tierras y comercios, entre ellos no pocos emi-

La subida de la calle San Francisco con su empedrado tradicional.

grantes españoles, configurando así una nueva sociedad, la cual comenzó desde entonces a vislumbrar la actividad que en el futuro sería la principal fuente de riqueza de la ciudad: el turismo.

A diferencia de la mayor parte de las poblaciones importantes del centro del país, cuya fisonomía colonial se ha visto radicalmente alterada a lo largo del presente siglo por edificaciones y trazos "modernos", sin un estilo definido, San Miguel ha conservado en general la unidad arquitectónica y urbanística original de la época novohispana que le ha dado fama y atractivo. Esto se debió en parte a su aislamiento y al decaimiento de su actividad económica durante los años de la modernización postrevolucionaria, aunque también influyeron un gusto natural de los sanmiguelenses por las formas tradicionales propias y, de manera destacada, los esfuerzos de muchos hijos y amigos de la ciudad a lo largo de todo el siglo XX por el rescate y la preservación del patrimonio histórico y arquitectónico de San Miguel de Allende.

San Miguel hoy: medio siglo de confluencia cultural

Dice una conseja popular que el visitante que se acerca a los manantiales de El Chorro y bebe el agua de sus fuentes, tiene que volver a San Miguel. Y tal parece que así ha sido, pues una vez que la calma regresó a la región y que la vida de la ciudad se normalizó, a partir de los años treinta, la nueva sociedad sanmiguelense se ha nutrido continuamente con gente de muy diversas procedencias, atraída por el clima, los atardeceres, el agua, la belleza y la magia de la antigua villa novohispana. Poco a poco, se ha ido conformando la amalgama social y cultural que constituye el San Miguel de nuestros días, mezcla de lo propio y lo ajeno, que le da un singular estilo lleno de contrastes.

Portales en el Jardín Principal.

La esquina de Cuna de Allende y Cuadrante, desde donde vemos la cúpula del camarín del Señor Ecce-Homo.

Durante más de cincuenta años han sobresalido hombres y mujeres que, de una u otra forma, contribuyen al enriquecimiento y revaloración de la cultura local. Sanmiguelenses algunos, como Don Leobino Zavala, autor de las *Poesías de Margarito Ledesma*, libro que después de setenta años sigue reflejando uno de los productos más refinados del alma sanmiguelense: el humor. Un humor ligero e ingenioso, cultivado en todos los niveles sociales, que rezuma en las conversaciones cotidianas mediante dichos y comentarios que resultan un tanto desconcertantes para quien no está familiarizado con él.

Asimismo, es recordado por su inagotable arsenal de historias y ocurrencias el entrañable Miguel Malo Zozaya, *Miguelito*, filántropo, farmacéutico, profesor, musicólogo e historiador autodidacta, creador del primer museo arqueológico de la ciudad, defensor implacable del patrimonio histórico local, apasionado siempre por todo lo que tuviese que ver con la cultura regional.

La relación sería larga y variada, como nutrido ha sido el retablo de personajes destacados que no salieron de "el pueblo que los vio nacer", y también lo sería la lista de otros que se fueron lejos y que han sobresalido en varios aspectos de la cultura nacional.

Junto a todos ellos, destaca otro conjunto de personajes que llegaron de fuera, pero que terminaron por ser tan sanmiguelenses como los nativos, contribuyendo de manera relevante al enriquecimiento material y cultural de la ciudad. Es el caso del actor, cantante y finalmente fraile, de origen tapatío, José Mojica. Gran benefactor y promotor de su tierra adoptiva en México y en el extranjero, creó la **Sociedad de Amigos de San Miguel**, el primer esfuerzo de valoración y restauración del patrimonio histórico de la ciudad y de sus tradiciones. Para ello, contó con el apoyo de gente como Leobino Zavala y de artistas como el cantante sanmiguelense Pedro Vargas, el torero Pepe Ortiz, y los compositores Tata Nacho y Miguel Prado, quien vivió en San Miguel durante años hasta su muerte.

Otro ilustre hijo adoptivo es el escritor y pintor de origen norteamericano Stirling Dickinson, hombre amable y estudioso de la cultura local, creador de una extraordinaria colección de orquídeas, que puede ser visitada diariamente en la calle de Santo Domingo, en la parte alta de la ciudad. Al igual que muchos otros escritores y artistas que llegaron hace años para quedarse, Dickinson no ha dejado de trabajar creativamente, apartado del trajín turístico y comercial que desborda la ciudad.

En la memoria de los sanmiguelenses queda la figura del médico español Francisco Olsina, representante de una generación de humanistas intachables arrastrada a México por un exilio sin retorno. Este hombre ilustrado y bondadoso, primer director del Hospital Civil de la ciudad, hizo de San Miguel su nueva patria para siempre.

También se han acercado a la ciudad intelectuales e historiadores atraídos por su cultura, como el potosino Francisco de la Maza, a quien se debe la más completa monografía de la ciudad, *San Miguel de Allende. Su historia. Sus Monumentos;* así como Justino Fernández y Vicente T. Mendoza, autores de un admirable estudio histórico, musical y coreográfico, *Danzas de los concheros en San Miguel de Allende.* Artistas, escritores o simples enamorados de San Miguel, que han buscado la calma, la soledad y la inspiración de los atardeceres luminosos de este rincón guanajuatense para llevar a cabo su obra, o bien para vivir en paz.

Fue durante los inicios de este proceso de confluencia cultural cuando la ciudad celebró el **cuarto centenario** de su fundación, 1542-1942; cuatrocientos años desde que el humilde franciscano, Fray Juan de San Miguel, decidió establecer una rústica

misión a orillas del río Laja. La fecha escogida para la celebración fue el de las fiestas tradicionales, dedicadas al Arcángel San Miguel, las que tuvieron un lucimiento que no se había visto en muchos años en sus danzas de concheros y rayados, ofrendas de súchiles y vistosos fuegos artificiales. La organización de los festejos estuvo a cargo de una junta directiva del Cuarto Centenario, con la activa participación de todos los sectores de la población, entre los cuales destacó la **Sociedad de Amigos de San Miguel**, misma que asumió el aspecto cultural de los festejos.

Al párroco José Mercadillo, controvertido personaje de esta nueva sociedad en gestación, se debe la erección del monumento a Fray Juan de San Miguel, ubicado a un costado de La Parroquia, frente a la casa de Allende, el cual fue develado durante el mismo año de la conmemoración en una ceremonia concurrida y emotiva. Igualmente fue reconstruida para los festejos la antigua y pintoresca plaza de toros o **Plaza de Oriente**, localizada en la calle de Recreo, gracias a los esfuerzos de un grupo de entusiastas amigos de San Miguel, librándola así de la ruina y permitiendo la realización de una serie de corridas de toros para allegarse fondos, las cuales dieron un mayor lucimiento a la celebración del Cuarto Centenario de la ciudad.

La escuela de arte de San Miguel de Allende

Un día lluvioso de 1937 llegó a la estación ferroviaria de San Miguel un hombre que habría de dejar una huella en la renaciente ciudad. Su nombre era Felipe Cossío del Pomar, pintor y crítico de arte peruano que vivía en México como exiliado político.

Patio del exconvento Concepcionista, edificio donde se encuentra el Centro Cultural Ignacio Ramírez "El Nigromante".

Hombre de acción y amigo de connotados artistas y humanistas, como Diego Rivera y Alfonso Reyes, así como del político y escritor José Vasconcelos, se interesó profundamente en la cultura mexicana. En alguno de sus viajes se había detenido en San Miguel de Allende y desde entonces, cautivado por el lugar, concibió una idea que no lo abandonaría más: crear ahí una escuela latinoamericana de arte. Una escuela enraizada en la cultura popular y abierta a todas las tendencias del arte contemporáneo, una especie de "Bauhaus latinoamericano", como él mismo la llamaba. Las condiciones eran óptimas: el contexto de una ciudad histórica y monumental, alejada de los grandes centros urbanos, entre cerros y cañadas circundados por paisajes magníficos, se conjuntaba con el ingenio artístico y el carácter hospitalario de sus habitantes.

Algo que llamó vivamente la atención del artista peruano, a partir de su primera visita a la ciudad guanajuatense, fue la peculiar luminosidad que la envolvía, especialmente durante los atardeceres. "Desde entonces —escribiría años más tarde— conservo la impresión de que la luz de San Miguel de Allende es, sobre todo, matiz".

Así, después de algún tiempo, regresó para llevar a cabo el proyecto anhelado, comprometiendo, inclusive, sus recursos personales. Su poder de convicción logró que el Presidente Lázaro Cárdenas respaldara la idea y pusiera a su disposición el antiguo convento de las monjas concepcionistas, localizado a una cuadra del Jardín Principal, entonces semiderruido y ocupado por un regimiento de caballería del Ejército Mexicano. Fueron meses de arduo trabajo dedicado a crear la escuela y a restaurar una sección del enorme y bello edificio de Las Monjas, pero el entusiasmo de Cossío del Pomar parecía inagotable y en poco tiempo el anhelo fue adquiriendo cuerpo.

El escritor Stirling Dickinson secundó el proyecto y se ocupó de la administración y promoción: hizo sucesivos viajes a varias ciudades de los Estados Unidos y más de diez mil folletos fueron enviados a las universidades y centros culturales de toda América. La **Escuela de Bellas Artes** de San Miguel de Allende abría sus puertas, ofreciendo el diploma de maestría a aquellos alumnos que cursaran tres trimestres y presentaran una tesis sobre temas de arte, antropología o historia latinoamericanos, asegurando el reconocimiento oficial de las autoridades mexicanas.

Además de los cursos de bellas artes ofrecidos principalmente a los estudiantes extranjeros o del interior de la República, la escuela inició desde el primer año talleres de artes populares dirigidos a la población local de escasos recursos, con la intención de rescatar y difundir algunos oficios ancestrales en proceso de extinción, como el tejido y la cerámica. Así, hábiles maestros tejedores enseñaron a grupos de muchachos el secreto de los tintes naturales, los dibujos y las técnicas textiles que en otros tiempos dieron fama a San Miguel, o bien el uso del torno y la pericia manual sobre la arcilla en las clases de cerámica. El resultado, con el tiempo, no fue como se esperaba, ya que sólo un número reducido de jóvenes sanmiguelenses que egresaron continuaron los oficios.

Para el segundo año fueron más de cien estudiantes extranjeros los que se presentaron en la **Escuela de Bellas Artes**, durante los meses de verano de 1939. El antiguo refectorio del convento ofrecía alimentos diariamente a más de ciento cincuenta comensales, entre profesores y alumnos. Muchas familias alquilaban cuartos a los alumnos recién llegados, y pronto la ciudad empezó a despertar económicamente en torno a una actividad completamente novedosa.

Con el paso de los años y gracias a los esfuerzos de sus directivos, la **Escuela de Bellas Artes** logró conjuntar una planta de maestros y conferencistas que nada

◄
Panorámica de San Miguel de Allende desde el Cerro Moctezuma (Tres Cruces).

le pedía a los mejores institutos de arte del país. Los antiguos claustros de las monjas concepcionistas se llenaron con la presencia de artistas plásticos de la talla de Rufino Tamayo, Carlos Mérida, Pablo O'Higgins, Federico Cantú, Pedro Martínez, Eleonor Cohen y David Alfaro Siqueiros (estos tres últimos dejaron interesantes testimonios murales en la escuela que todavía pueden admirarse). José Chávez Morado inició el taller de grabado, a la vez que la planta de maestros se enriqueció con talentosos artistas extranjeros que llegaron año tras año, atraídos por el movimiento artístico que florecía en este rincón guanajuatense.

Portada de la antigua casa solariega de la familia de la Canal, hoy el Instituto Allende.

Aspectos del patio central del Instituto Allende.

Gracias al vasto mundo de relaciones que supo cultivar Cossío, la escuela contó con visitantes y conferencistas como los escritores Pablo Neruda, Gabriela Mistral, León Felipe, Juan de la Encina, Alfonso Reyes, Jesús Silva Hérzog y Diego Rivera.

Pronto fueron necesarios nuevos espacios para la escuela, y Cossío adquirió el antiguo casco del rancho El Atascadero, propiedad del torero Pepe Ortiz, ubicado en la parte alta de la ciudad, para utilizarlo como residencia de estudiantes, profesores y visitantes de la institución, algo que se asemejaba ya a un campus universitario.

Salvo algunos incidentes provocados por fanáticos que nunca entendieron el movimiento cultural que se gestaba en la histórica ciudad y veían con recelo la iniciativa de Cossío y el arribo de los estudiantes y artistas extranjeros, la escuela tuvo el respaldo generalizado de la población y se consolidó como institución, proyectando a San Miguel de Allende, nacional e internacionalmente, como un centro de confluencia cultural y artística, aún durante algunos años de la Segunda Guerra Mundial.

Desgraciadamente, el proyecto tenía un defecto de origen, que consistía en estar demasiado vinculado a la persona de su fundador. Cuando Cossío del Pomar se ausentó

Corredor norte del Centro Cultural "El Nigromante"; al fondo un mural de Pedro
Martínez pintado en 1939.

Escalera principal de "El Nigromante".

repentinamente durante algunos años y vendió todas sus propiedades en San Miguel, al tener la posibilidad de volver a Perú después de un prolongado exilio político, la escuela comenzó a declinar. La difícil situación económica, aunada a serios
conflictos internos generados por la personalidad tan peculiar del nuevo propieta-
rio, provocaron que, en pocos meses, se perdiera lo que se había logrado durante
años de afanes y esfuerzos. El Atascadero fue vendido y la escuela llegó al punto
del colapso.

A su regreso a San Miguel, Cossío del Pomar se armó de ánimos y promovió
la creación de una nueva escuela de arte, el **Instituto Allende**, en la antigua casona
solariega de la familia de la Canal, que se encuentra en la calle Ancha de San Antonio, esta vez como una institución de enseñanza privada. De nuevo, con el invaluable apoyo de Stirling Dickinson y de un nuevo socio, el político retirado y exgober-
nador de Guanajuato, Enrique Fernández Martínez, y de otros colaboradores, se dio
a la tarea de reconstruir la ruinosa mansión. Los cursos se iniciaron en 1951 con
una buena asistencia de estudiantes, casi todos norteamericanos, y el flujo aumentó
en los años siguientes. Se auguraba el éxito económico de la empresa. Pero la participación de Cossío del Pomar en el Instituto no habría de durar mucho tiempo. Importantes desavenencias con su nuevo socio lo harían retirarse en forma definitiva
del nuevo proyecto pedagógico.

Un hotel turístico se levantaba en los jardines del Instituto. El proyecto de un
centro cultural y artístico, como lo había concebido su fundador, a manera de una
prolongación del trabajo realizado en Las Monjas, no correspondía a la nueva realidad de la ciudad, caracterizada por el crecimiento y el desarrollo turístico y comercial.

El legado de Felipe Cossío del Pomar a San Miguel de Allende, después de
logros y fracasos, de entusiasmos febriles y desilusiones profundas, está vivo gracias

El Jardín Principal y sus laureles de la india.

a la perseverancia de muchas personas. De aquella semilla que germinó hace más de medio siglo, hoy existen dos escuelas de arte: el **Centro Cultural "El Nigromante"**, dependencia pública del Instituto Nacional de Bellas Artes, y el **Instituto Allende**, institución de enseñanza privada. Queda, asimismo, una generación de artistas precursores, mexicanos y extranjeros, que participaron en aquel sueño visionario, mismo que no ha terminado de dar todos sus frutos.

Convivencia pluricultural y multinacional

San Miguel de Allende ofrece al visitante una imagen muy peculiar, sin parecido con ninguna otra población de la geografía mexicana. En torno al escenario predominantemente novohispano y monumental del centro histórico, crece y se desarrolla una nueva ciudad con las características y los servicios de una urbe moderna.

No obstante la expansión urbana y demográfica, y a pesar de la afluencia turística y de la actividad comercial que se han registrado en las últimas décadas, la cultura sanmiguelense se mantiene viva y vigorosa. Esta cultura, de raíces indígenas y españolas, se manifiesta en la vida cotidiana, tanto en el habla de la gente y en su humor, como en las artesanías, los oficios y la cocina; en la música, las danzas y los rituales; en las numerosas fiestas populares que se suceden una tras otra durante el año, así como en las ricas y originales tradiciones que persisten después de varios siglos, a pesar de los vaivenes de la historia.

La firmeza de esta cultura propia, derivada del mestizaje histórico del centro del país, ha permitido que San Miguel se abriera y recibiera a gente de muy diversas procedencias y nacionalidades durante más de medio siglo, sin perder su personalidad ancestral. Toda una población flotante de artistas, intelectuales y estudiantes

Pueblo tranquilo y pintoresco "donde todo mundo se conoce".

de arte ha convivido armoniosamente con la población local desde los primeros años del resurgimiento de la ciudad, y tal convivencia se ha prolongado también con los nuevos grupos, mexicanos y extranjeros, que han llegado en años recientes, orientados sobre todo hacia la actividad turística y comercial.

Uno de los rasgos más interesantes y peculiares de esta sociedad en gestación, consiste en un mestizaje de nuevo cuño que se dio a partir de un sector de la población local. Es un mestizaje fundamentalmente mexicano-norteamericano, aunque también abarca otras nacionalidades. Este fenómeno, desaprovechado hasta la fecha por sociólogos y novelistas, tuvo su mayor incidencia entre los años cincuenta y los setenta, y comprende al menos más de cien parejas (extranjero-mexicana o mexicano- extranjera), cuya descendencia es notoriamente sanmiguelense, bicultural, y conforma un núcleo influyente de la sociedad actual.

Esta situación fue propiciada por la afluencia de extranjeros y, de manera directa, a partir del arribo al final de los años cuarenta, de un numeroso grupo de veteranos de la recién terminada Segunda Guerra Mundial, que llegaron como becarios del gobierno norteamericano para estudiar en la **Escuela de Bellas Artes**. Fueron más de ochocientos estudiantes, hombres y mujeres, que encontraron en México una oportunidad para desarrollar sus aptitudes creativas. Muchos de ellos se quedaron y se hicieron sanmiguelenses. Algunos llegaron a ser artistas talentosos y maestros de varias generaciones de artistas en San Miguel. Es el caso de pintores como Kent Bowman o James Pinto, cuyas obras han obtenido reconocimiento internacional.

Otros, no tan talentosos, dieron fama a una célebre cantina que abrió sus puertas sin distingos a propios y extraños durante más de medio siglo, "La Cucaracha", ubicada en los portales de la Casa de la Canal, frente al Jardín Principal, testigo secular y generoso de la transfiguración de la ciudad.

A partir de entonces y durante más de veinte años, un nuevo periodo de actividad artística dio cierto renombre a San Miguel dentro y fuera del país, sobre todo en torno al floreciente **Instituto Allende**. Oleadas de estudiantes procedentes del norte asistían año tras año a los cursos de verano, mismos que fueron reconocidos curricularmente por sus universidades en los Estados Unidos. Fue inaugurada la primera galería de arte de la ciudad, propiedad del pintor Emilio Baz, y una nueva generación multinacional de artistas plásticos comenzó a reunirse en San Miguel con pintores como Charles Blum, Romeo Tabuena, Leonard Brooks y el escultor Lothar Kestembaum.

La vida cultural de la ciudad era, sin embargo, reducida, sobre todo entre la sociedad local. A unos pasos y bajo el mismo portal de "La Cucaracha", fue abierta la primera librería bilingüe, "El Colibrí", propiedad de la infatigable promotora cultural, sanmiguelense adoptiva, Carmen Masip, directora asimismo de una escuela de idiomas, la **Academia Hispano Americana**, que inició cursos regulares de cultura latinoamericana a los extranjeros, además de organizar los primeros conciertos sinfónicos y de música de cámara que se escucharon en San Miguel.

Estos conciertos marcaron el rescate del teatro Angela Peralta, el cual operaba como cine hasta entonces, gracias a los esfuerzos de un grupo de amigos de San Miguel. En 1973, con motivo de los cien años de la creación del teatro, se presentó la misma función de ópera inaugural, "Rigoletto", y, pocos años después, el edificio fue restaurado por el gobierno federal.

La **Escuela de Bellas Artes**, después de un abandono de más de diez años, fue revitalizada en 1960 con recursos de la federación, con motivo de la celebración de

Fachada frontal del Teatro Angela Peralta, en la calle de Mesones.

los ciento cincuenta años del inicio de la Independencia. Tras la reconstrucción del segundo piso del exconvento, la escuela fue reabierta, esta vez como **Centro Cultural Ignacio Ramírez "El Nigromante"**. Poco a poco y con muy exiguos recursos oficiales, la escuela se enriqueció con nuevas áreas de enseñanza y de difusión cultural, como la música, bajo la esforzada dirección de Miguel Malo.

Este sanmiguelense extraordinario y querido por todos, dedicó gran parte de su vida a la investigación histórica y antropológica de la región, así como a la creación de un museo arqueológico para San Miguel de Allende en su propia casa, el **Museo Izcuinapan**. Desgraciadamente, la incomprensión y la ignominia de algunas autoridades truncaron sus afanes, junto con su propia vida, en 1972. Pero su memoria no pudo ser borrada. Actualmente existe una sala dedicada a su persona en el Museo Histórico de la ciudad, donde puede admirarse, entre otras piezas antiguas, la invaluable colección de pipas prehispánicas de la región de San Miguel de Allende, que él logró reunir.

Biblioteca Pública en el espacio del exconvento de Santa Ana.

A la muerte de Miguel Malo, la dirección de **El Nigromante** fue asumida por Carmen Masip. Desde entonces "Bellas Artes" amplió aún más sus cursos, talleres y actividades culturales, destacando sobre todo las exposiciones y los conciertos. Un excelente logro, en el cual ha destacado la colaboración de residentes extranjeros, ha sido el *Festival Internacional de Música de Cámara*, que año con año, durante el mes de agosto, reúne en San Miguel a intérpretes y orquestas de renombre mundial.

Otra institución que ha tenido un papel fundamental en el desarrollo cultural comunitario durante las últimas dos décadas, es la **Biblioteca Pública**, ubicada en la calle de los Insurgentes, espacio de confluencia popular que ha logrado la autosuficiencia mediante la participación organizada de ciudadanos y residentes extranjeros. A nivel municipal, cabe destacar el papel que ha desempeñado durante años la radiodifusora local, **Radio San Miguel** —sobre todo entre la población rural y de escasos recursos— cuyo espíritu de servicio comunitario es una verdadera rareza a nivel de la radiodifusión nacional. ¿Y quién no reconocerá siempre la locución y entrega a su trabajo de Manuel Zavala Zavala, "El Fisgón Anteojudo"?

Todo el ambiente artístico y cultural que ha prosperado durante más de medio siglo en San Miguel de Allende ha configurado una sociedad única, bastante diferente de la de otras poblaciones del centro del país. También ha proyectado hacia el exterior cierta imagen de liberalidad, y la vida nocturna y musical es, desde hace tiempo, un importante atractivo para visitantes nacionales y extranjeros, junto con las fiestas populares que se llevan a cabo durante el año. Para otros, como algunos artistas plásticos y estudiantes que la visitan por temporadas, es un lugar que permite el aislamiento y el trabajo sin las interrupciones de las grandes ciudades.

Cierta "bohemia nacional" de actores, cantantes y compositores, así como el mundillo taurino del país, han compartido su fascinación por San Miguel con jóvenes de cabellos largos y guitarras rockeras al hombro, que aparecieron bajo los laureles del Jardín Principal al doblar los años sesenta.

Esta imagen artística que caracterizó a la ciudad durante años se ha diluido un tanto en épocas recientes. Ha perdido relieve a medida que se acelera el crecimiento urbano y a medida que aumenta la presencia de nuevos grupos sociales, nacionales y extranjeros, atraídos por el turismo, el comercio y el desarrollo inmobiliario. A partir de los años ochenta, nuevos residentes originarios de la Ciudad de México y de otras ciudades del interior del país, han formado un núcleo bastante dinámico dentro de la sociedad sanmiguelense, en convivencia con un amplio sector de norteamericanos retirados que va y viene, sobre todo durante los meses de invierno.

El pueblo tranquilo y pintoresco donde "todo el mundo se conoce" y la vida se ajusta a las campanadas de El Reloj, cede el paso rápidamente a una sociedad más compleja y diversificada, con ritmos y estilos nuevos. Una ciudad moderna que se proyecta hacia el siglo XXI, crece y evoluciona en torno a la antigua villa colonial, la cual ha conservado su estilo y sus edificios gracias al esfuerzo incesante de muchos sanmiguelenses, de nacimiento o de corazón, que se han obstinado durante más de medio siglo en la defensa y revaloración del patrimonio cultural de San Miguel de Allende y de su centro histórico, el cual, por decreto Presidencial de 1982, ha sido declarado como Zona de Monumentos Históricos.

La nueva sociedad sanmiguelense se articula por medio de una vasta red de organismos sociales independientes, los cuales desarrollan una intensa actividad de servicio. Hoy en día existen más de cincuenta grupos y organizaciones de carácter filantrópico con muy diversos propósitos: difusión cultural, educación, atención a niños y ancianos, salud pública, acción social y deportiva, protección al medio ambiente, conservación de recursos naturales, preservación del patrimonio cultural, etcétera, pero todos ellos encaminados a ofrecer un servicio comunitario y a mejorar la calidad de la vida de la población.

Ya cerca del fin del milenio y al cumplir 450 años de existencia, San Miguel de Allende sigue siendo un crisol de intensa confluencia social, donde lo nuevo y lo viejo, lo propio y lo ajeno se funden para dar paso a una sociedad original, abierta y cosmopolita.

Orquídea de la extraordinaria colección de Stirling Dickinson.

El entorno natural

San Miguel de Allende es conocido y visitado por su indiscutible importancia histórica, por la riqueza monumental y la armonía de su fisonomía urbana, por la variada y rica artesanía que produce, por el ambiente cultural y cosmopolita que se respira, por sus bullangueras fiestas tradicionales, por sus paisajes y por sus encendidas puestas de sol.

Pero no toda la riqueza se concentra en la zona urbana. A lo largo y ancho del territorio municipal existe, asimismo, toda una serie de atractivos tanto históricos como naturales, que forman parte del patrimonio local. Muchos de ellos son poco frecuentados, pero constituyen puntos de interés para el visitante, sobre todo para

aquel que quiere alejarse del bullicio de los circuitos turísticos para andar veredas y descubrir bellezas monumentales y ecológicas.

La Presa Ignacio Allende es un refugio de aves lacustres.

El Municipio de Allende, situado en una zona geográfica de transición entre el bajío y las serranías de Guanajuato, entre la fértil cuenca del río Lerma y los desiertos que se abren hacia el norte del país, posee importantes y variados recursos naturales, los cuales se han librado de más de cuatro siglos de destrucción ambiental. Desde las montañas coronadas de encinos en sus partes más elevadas, hasta las frondosas riberas del río Laja en el fondo del valle, el agua que brota de la tierra y escurre por innumerables arroyos da vida a una gran diversidad biológica de plantas y animales, a pesar de la escasa precipitación pluvial que tiene lugar en la región.

La cuenca del río Laja

Hacia el poniente de la ciudad de San Miguel, este importante tributario del río Lerma cruza de norte a sur el Municipio de Allende, alimentado por las aguas de las serranías del norte de Guanajuato.

Su cauce fue el sitio de los principales asentamientos prehispánicos y la ruta de los franciscanos que incursionaron en tierras chichimecas durante el siglo XVI, procedentes del sur. La primera fundación de San Miguel tuvo lugar a orillas del río Laja, a un lado de abundantes manantiales, y aún subsisten un buen número de "capillas de indios", pequeños templos franciscanos de los tiempos de la evangelización, entre otros vestigios históricos, como cascos de haciendas, puentes y acueductos derruidos.

◀
El entorno natural del municipio es rico, variado y atractivo.

Nopal camuesa o tapona, cucharilla y varias especies de cactáceas.

Algunas de estas añejas construcciones, incluyendo ruinas arqueológicas, quedaron inmersas bajo las aguas de la **Presa Ignacio Allende**, enorme obra hidráulica inaugurada en 1967 sobre el cauce del río Laja. No obstante la pérdida patrimonial que aparejó su construcción, hoy en día la presa constituye un amplio espacio recreativo ideal para la vela y otros deportes acuáticos. Asimismo se ha convertido progresivamente en un verdadero refugio de aves lacustres, muchas de ellas en peligro de extinción, como garzas, ibis, pelícanos, patos silvestres y otras especies migratorias.

Sobre la cuenca del río Laja, entre el conocido Santuario de Atotonilco y la **Presa Ignacio Allende**, existen innumerables ojos de agua que han dado vida durante siglos a comunidades campesinas, y también a una gran diversidad de flora y fauna silvestres. Tupidos carrizales bordean las ciénegas y los arroyos formados por los manantiales, junto con espesas poblaciones de mezquite, llamado el "árbol de la vida" por los antiguos chichimecas, debido a su gran valor maderable, alimenticio y medicinal, y que forma pequeños bosques poblados por aves multicolores. Diversos balnearios ofrecen al visitante el bálsamo insustituible de las aguas termales y minerales que brotan de la tierra y que han dado fama durante años a San Miguel de Allende.

La serranía de Los Picachos

Esta serranía, la más importante del Municipio de Allende, es claramente visible desde la ciudad de San Miguel, hacia el sureste, y constituye una importante fuente de abastecimiento de agua del valle que se extiende a sus pies. Sus cumbres y cañadas más altas están cubiertas de espesos bosques, predominantemente encinares (*quercus*). Más de seis variedades de encino y otras especies arbóreas, como el madroño, cobijan diversos ecosistemas naturales, los cuales han logrado sobrevivir hasta nuestros días gracias a su aislamiento de las redes carreteras.

Desde el siglo XVI y en el curso de más de cuatro centurias, las superficies boscosas de la región han sido mermadas drásticamente por el sobrepastoreo, los incendios y la tala indiscriminada para obtener madera y leña. La pérdida gradual de la cubierta vegetal ha generado una mayor desertificación de la zona y la disminución de los mantos acuíferos, amenazados también por una excesiva perforación de pozos con fines principalmente agropecuarios. Esta desmedida extracción del agua subterránea ha sido la causante de la desaparición total, a partir de los años cuarenta, de muchos manantiales de agua tibia que daban vida a barrios y comunidades ancestrales, aun en la zona urbana de San Miguel, así como de la drástica disminución del histórico caudal de El Chorro.

Actualmente la serranía de Los Picachos tiende a convertirse en un área natural protegida del municipio, junto con otros bosques y cañadas, como La Márgara, al oriente, y la Cañada de la Virgen y Manantiales, al poniente del territorio municipal. En una de las cumbres de Los Picachos existe desde 1989 un primer núcleo territorial de noventa hectáreas dedicado a la preservación del bosque (iniciativa de

En las paredes rocosas de la Cañada de la Virgen encontramos ejemplares extraordinarios de cactáceas y *suculentas* mexicanas.

CANTE A.C., grupo conservacionista local), conocido como La Cañada de los Pajaritos. Su nombre se debe a una especie de pájaro azul, de buen tamaño y canto brillante, que en ruidosas parvadas abunda por los encinares. Ellos comparten el bosque con otros animales silvestres, como el águila, el coyote, la zorra roja y el venado cola blanca, los cuales han logrado sobrevivir al implacable exterminio practicado por los cazadores furtivos.

La serranía de Los Picachos no tiene acceso vehicular directo, pero cuenta con buenas veredas para visitarla a pie o a caballo, para aquellos amantes del excursionismo y la naturaleza (deben extremarse precauciones con las serpientes de cascabel, sobre todo durante los meses calurosos). Es posible subir hasta La Cañada de los Pajaritos y regresar a San Miguel el mismo día, o bien pernoctar en la reserva, la cual cuenta con un albergue y vigilancia permanente. Desde lo alto de Los Picachos se divisa un panorama amplísimo hacia todas direcciones, y el visitante puede apreciar una diversidad biológica insospechada de flora y, con algo de suerte y paciencia, algunos ejemplares de la fauna local.

El semidesierto guanajuatense

Es presumible que gran parte del actual Municipio de Allende haya estado cubierto por bosques mesófilos en la época de la Conquista, y que el proceso de deforestación de los últimos siglos haya hecho proliferar la vegetación característica de las zonas semiáridas que hoy domina en la región, cuyo valor paisajístico y ornamental ha sido todavía poco valorado.

Los suelos calcáreos y arenosos dan sustento a una asombrosa variedad de cactáceas y agaváceas, entre las que destacan el garambullo, la bisnaga, el cardón, la yuca, la cucharilla y el maguey, así como pequeñas especies del género *mammillaria* y un buen número de nopales. La mayoría de estas plantas desérticas florean majestuosamente durante la primavera, y son relevadas durante los meses de lluvia por alfombras multicolores de flores silvestres, las cuales se tornan doradas al acercarse los fríos. Varias especies arbóreas y arbustivas autóctonas, como el mezquite, el huizache, el palo dulce y el casahuate, se reproducen naturalmente gracias a su adaptación a las condiciones extremas de temperatura, viento y sequía del municipio. Todo este conjunto florístico configura la imagen clásica del paisaje rural del altiplano.

Los escurrimientos milenarios de las serranías del actual Municipio de Allende dieron lugar a numerosas cañadas, algunas de ellas profundas y escarpadas, las cuales surcan como tajos los cerros, mesas y llanos semidesérticos. Estas cañadas albergan diversas comunidades de flora y fauna. Las plantas acuáticas crecen a la sombra de árboles nativos como la mora, el copal, el puchote y el nogalillo, y en sus paredes rocosas penden ejemplares extraordinarios de cactáceas y *suculentas* mexicanas. Las cañadas son verdaderos nichos ecológicos donde habitan y donde buscan agua y alimento todo tipo de animales nativos. Mamíferos como la zorra, el tejón, el tlacuache, el armadillo, la onza y el tlalcoyote (estos tres últimos en riesgo de desaparecer), merodean las cañadas solitarias junto con reptiles, y aves como el cuervo, el jilguero y el colibrí. Toda una cadena de complejos ecosistemas dan vida a estas microcuencas, desgraciadamente amenazadas por la caza, el sobrepastoreo y la deforestación creciente en el municipio.

Son particularmente interesantes las cañadas ubicadas en las estribaciones de la serranía de Los Picachos, y sobre todo La Cañada de la Virgen, no muy lejos de

San Miguel, accesible por una terracería que se desprende de la carretera a Guanajuato. Esta espectacular cañada, además de la gran riqueza biológica y paisajística que ofrece, cuenta con el sitio arqueológico mejor conservado del estado de Guanajuato: **Cañada de la Virgen I**.

Con el propósito de conservar y restaurar una cañada y sus zonas aledañas, la asociación civil CANTE lleva a cabo, desde 1990, un proyecto de educación ambiental para el municipio en un terreno de cincuenta hectáreas contiguo a la ciudad de San Miguel, denominado **El Charco del Ingenio**. Este proyecto comprende una zona de reserva ecológica, un jardín botánico, un vivero y diversas áreas demostrativas de tecnología ambiental y restauración de ecosistemas. Además de rescatar una microcuenca y un espacio recreativo para San Miguel, la asociación promueve la revaloración de los recursos naturales del municipio y su aprovechamiento a partir de la cultura popular de la región. El Charco del Ingenio puede ser visitado todos los días; cuenta con acceso vehicular por la salida a Querétaro, a espaldas del fraccionamiento El Atascadero, y también peatonal, media hora de buena pendiente a partir del mercado municipal, más allá del fraccionamiento Los Balcones.

El entorno natural de San Miguel de Allende es rico, variado y atractivo para el visitante que guste del campo y la naturaleza. Puede aventurarse por las terracerías del municipio para encontrar pintorescas comunidades de gente amable, dispuesta siempre a la conversación y a la hospitalidad. O bien caminar veredas solitarias para detenerse frente a las ruinas de una antigua hacienda, o nada más para admirar el siempre sorprendente paisaje rural mexicano.

El jardín botánico de El Charco del Ingenio circunda a la Presa de las Colonias.

▶
Procesión por las calles de San Miguel de la Cruz del Valle del Maíz.

LAS FIESTAS DE SAN MIGUEL DE ALLENDE

Félix Luna Romero

Son muchas las fiestas que se celebran en San Miguel de Allende a lo largo del año, tanto en barrios urbanos como en comunidades rurales. La mayor parte de ellas son de carácter religioso y alguna de antigua raigambre, que nos remiten a los tiempos de la Colonia, además de otras celebraciones de tipo cívico, como la conmemoración de la Independencia. A continuación, ofrecemos una relación de las más relevantes fiestas tradicionales, manifestación viva de la vieja cultura popular sanmiguelense.

Fiesta del Señor de la Conquista

primer viernes de marzo

Solemne celebración en honor de la imagen del Santo Cristo de la Conquista, la cual fue obsequiada a la Villa de San Miguel por el rey de España y traída por los frailes franciscanos en el siglo XVI desde Pátzcuaro, donde fue tallada. Actualmente, se encuentra en uno de los altares de la Parroquia de San Miguel.

Resultado de un sincretismo que funde un culto chichimeca con el Cristo español, esta imagen es venerada por indígenas de distintas procedencias que "en conformidad de conquista" con las comunidades indias de San Miguel, celebran con danzas, ritos y cantos la fiesta del Santo Cristo.

El jueves por la tarde se celebra el paseo de yuntas de bueyes, conocido como "las yuntas", cuya cornamenta se adorna con flores, frutos y demás ofrendas propiciatorias de la fertilidad de los campos. El paseo se acompaña de música, cohetes y danzas. Durante la noche se llevan a cabo las "velaciones" conforme el ritual conchero, convocadas por los capitanes de danza.

El viernes por la mañana, después de las misas en honor al Santo Cristo a cargo de las comunidades, se desarrollan en el atrio de la Parroquia y en la explanada del Jardín Principal vistosas danzas concheras, tanto locales como foráneas. Por la tarde hacen su entrada los "parandes", que son ofrendas a base de pan y pastillaje de azúcar, y a lo largo del día la imagen es visitada por los habitantes de la ciudad.

La fiesta continúa durante el sábado y el domingo en la comunidad de San Miguel Viejo, ubicada a orillas de la Presa Ignacio Allende, lugar donde fue la primera fundación de San Miguel, en 1542. En esta comunidad, el Señor de la Conquista es venerado como santo patrono, probablemente desde el siglo XVI.

◄
Grupo de danza de rayados chichimecos.

Recibimiento del Señor de la Columna

domingo previo al Domingo de Ramos

Este festejo, cuyo origen se remonta al siglo XIX, marca el inicio de las celebraciones de la Semana Santa en San Miguel. La imagen del Señor de la Columna, que representa la flagelación de Cristo, es traída en hombros a la ciudad desde el Santuario de Atotonilco y depositada en el templo de San Juan de Dios, donde permanece expuesta hasta después de la Cuaresma.

La llegada de la imagen es todo un acontecimiento de regocijo popular. La gente levanta a la entrada de la ciudad, en la loma de Las Cachinches, arcos confeccionados con ramas de fresno y palma, adornados con flores de papel. Entre tradicionales cantos de pasión y el resonar de los cohetes, la imagen recorre las calles adornadas con hilos de papel picado y cubiertas de hinojo, mastranto y pétalos de flores hasta su llegada al templo.

Viernes de Dolores

viernes previo a la Semana Santa

En San Miguel de Allende se mantiene la tradición de levantar altares dedicados a la Virgen dolorosa, los cuales se exhiben en los zahuanes y ventanas de muchas casas, así como en los templos de la ciudad. También se dedica este día a reparar, limpiar y adornar, por iniciativa de los vecinos, las más de veinte fuentes públicas de la zona histórica de San Miguel, con ofrendas tradicionales a base de naranjas agrias, trigo tierno, así como ramos de manzanilla, hinojo y otras yerbas de olor.

Al caer la tarde del viernes, la población se vuelca por las calles para visitar los altares y las fuentes, así como para recibir las aguas frescas y la tradicional "conserva" que se ofrece a los paseantes.

Semana Santa

El Miércoles Santo está dedicado al Viacrusis, instituido en el siglo XVIII por el padre Luis Felipe Neri Alfaro, fundador del Santuario de Atotonilco. Esta procesión, con sus catorce estaciones y precedida por la imagen del Señor del Golpe, parte del templo del Oratorio y recorre varias calles del centro histórico hasta la capilla del Calvario.

Durante la tarde del Jueves Santo se acostumbra recorrer los diferentes templos de la ciudad.

El Viernes Santo se celebra con varias procesiones en templos y calles. Durante la mañana tienen lugar la del Señor de la Columna, la del Señor de la Espina y la del Santo Encuentro. Por la tarde se lleva a cabo la solemne procesión del Santo Entierro en el templo del Oratorio, la cual recorre varias calles de la ciudad.

El Domingo de Resurrección se dedica a la tradicional quema de los "judas" en el Jardín Principal, cuyas potentes detonaciones se escuchan en toda la ciudad.

Diablo.

Rayados.

Fiesta de la Santa Cruz

mayo

Este mes está dedicado a la celebración de las cruces en muchas comunidades indígenas del municipio, y se remonta al tiempo de las guerras de Conquista, cuando los grupos chichimecas terminaron por someterse a la Cruz cristiana, aunque incorporando a ellas sus rituales y creencias ancestrales. Así, la Cruz representa todavía la confluencia de los cuatro vientos sobre la tierra, y también la unión, la concordia y la conformidad entre los habitantes de esta región.

La primera de las celebraciones tiene lugar a principios de mayo en el Puerto de Calderón, ubicado en el límite sur del municipio, donde se encuentra una antiquísima cruz de piedra, muy venerada por comunidades indígenas procedentes de México, Querétaro y la zona del bajío.

Y así cada ocho días, durante los sábados y los domingos de mayo, se celebran estas fiestas de la Cruz, mediante velaciones, limpias, danzas y demás rituales de origen indudablemente prehispánico. Y tienen lugar tanto en comunidades rurales (ranchos de Guadalupe y Guerrero), como en algunos barrios tradicionales de la zona urbana, como: El Chorro, El Ojo de Agua, Guadiana, La Palmita y Valle del Maíz.

Esta última comunidad cierra el ciclo de las cruces con una celebración popular en la cual destacan las procesiones, las danzas de "rayados" chichimecas, las mojigangas, así como el "coloquio", especie de auto sacramental muy antiguo instaurado por los franciscanos, que aún se representa en algunas comunidades de la región, además del Valle del Maíz.

Existen, asimismo, otras cruces que son veneradas en el municipio, como aquéllas que coronan los encinares de La Márgara y Palo Huérfano (Los Picachos), y la Santa Cruz del Cuarto (propiedad particular). Recientemente, en 1991, fue fundada por diversas comunidades la Cruz del Charco del Ingenio, en los terrenos del jardín botánico que ahí se desarrolla, como centro de confluencia comunitaria.

San Antonio de Padua

domingo siguiente al 13 de junio

.También conocida como la fiesta de los "locos y hortelanos", se lleva a cabo en el populoso barrio de San Antonio. Antiguamente, se acostumbraba bailar por promesa a la imagen del santo, como pago por haber sanado de una enfermedad o haber recibido algún otro favor. Hoy se baila por gusto, y la festividad se ha convertido en un verdadero desfile carnavalesco en el cual participa una multitud de "locos". Niños, muchachos, muchachas y aun gente de edad avanzada, recorren febrilmente las calles de la ciudad, a pie o en carros alegóricos, portando trajes y disfraces vistosos, a veces espectaculares y grotescos, acompañados por sonoras bandas de viento y aun por ensordecedores equipos de sonido.

El aspecto tradicional de esta fiesta ha desaparecido: las máscaras y matracas de los "locos", así como la "danza del torito" y las cuadrillas de "hortelanos", figura que representaba un oficio importante del antiguo San Miguel, con sus varas de membrillo y sus morrales de peras que arrojaban a la gente.

La muerte.

Danza sonaja.

Música de viento.

La marota.

Reseña del Señor San Miguel

tercer domingo de agosto

Esta celebración, a cargo de las comunidades indígenas desde la época de la Colonia, marca el inicio de las festividades del santo patrono de San Miguel de Allende. En ella se ofrece un toro vivo (el cual era tradicionalmente donado por las familias de hacendados locales), para ser sacrificado posteriormente, durante las fiestas del Señor de San Miguel.

La noche del sábado se reúnen los representantes de las comunidades para llevar a cabo la velación, donde se reparten los cargos que habrán de desempeñarse durante las fiestas del Arcángel, y se asigna el toro. Entre cantos y alabanzas se elaboran las ofrendas tradicionales, así como collares de chiles, ajos, cebollas, rábanos, coles y otras verduras que habrá de portar el animal al otro día.

El domingo, desde temprano, se prepara el toro. Una vez bañado, limpio y adornado con los collares tejidos durante la velación, se inicia el paseo por las calles de la ciudad hasta llegar al templo parroquial. Ahí se presenta el toro al Señor San Miguel y tienen lugar danzas concheras. El paseo se dirige al mercado, donde las comunidades reciben frutas y dulces, así como al antiguo panteón para depositar ofrendas a los difuntos, y por último a la cárcel municipal, donde reparten fruta entre los presos. Al término de la celebración, se cocina un caldo con los collares de verduras, el cual es compartido por los participantes de la fiesta.

Fiestas del Arcangel San Miguel

fin de semana siguiente al 29 de septiembre

Son éstas las fiestas más importantes de San Miguel de Allende, las más lucidas y espectaculares; dedicadas al santo patrono de la ciudad y precedidas por la celebración del Grito de Independencia, se remontan a los primeros años de la fundación de la villa. Originalmente ofrecidas por la población indígena y por los distintos gremios, fueron poco a poco adquiriendo relieve y fama en todo el país, característica que mantienen hasta nuestros días.

La celebración comienza el viernes por la tarde con la entrada de diversas peregrinaciones al templo parroquial. Por la noche van llegando diversas bandas de música y grupos de mariachis, y la gente se reúne en el Jardín Principal y la explanada de la Parroquia para esperar la "alborada" en la madrugada del sábado.

A partir de las cuatro de la mañana, al toque de la campana mayor, un impresionante arsenal de cohetes y de luces ilumina y estremece el cielo nocturno durante más de una hora sin interrupción, ofreciendo un espectáculo de singular intensidad y desmesura. Es "la alborada" un acontecimiento tradicional muy emotivo mediante el cual el pueblo saluda a su santo patrono, "el esclarecido arcángel San Miguel, príncipe de la milicia angélica", y se desborda la alegría con "las mañanitas" acompañadas por todo tipo de músicos, animadas por el atole, los tamales y los ponches, sin perderse el tradicional danzón alrededor del quiosco con las luces ya definidas del amanecer.

Durante la tarde del sábado, por el camino de la estación, hacen su entrada a la ciudad las danzas concheras, las cruces, las ofrendas, las bandas de música y las comunidades indígenas, arribando al Jardín Principal en procesión alrededor de las cinco de la tarde. Ahí, frente al templo parroquial, son erigidos los "xúchiles", hermosas ofrendas trenzadas con una planta llamada cucharilla, flores de zempaxúchil, panes y tortillas de colores, todo ello montado sobre largos y pesados bastidores que son transportados en hombros por las comunidades indígenas que las ofrendan al santo patrono.

El domingo por la mañana, tras una solemne misa de función en honor del arcángel San Miguel, se quema el llamado "castillo de once", el cual se caracteriza por ser únicamente de cohetes, sin luces. Después tiene lugar, en honor al fundador de la ciudad, Fray Juan de San Miguel, un homenaje y el desfile de danzas, las cuales continúan bailando en el atrio y la explanada parroquiales durante el resto del día. Sobresalen las danzas concheras, tanto locales como de otras procedencias, y las danzas de rayados del Valle del Maíz. Por la tarde tiene lugar también una corrida de toros, y la celebración termina, en la noche, con la quema de ingeniosos castillos y demás fuegos de artificio, para rematar con un baile popular en el Jardín Principal.

Paseo del Arcangel San Miguel

ocho días después de la fiesta de San Miguel

La "octava" del santo patrono de San Miguel de Allende se celebra con la procesión que porta su imagen por las calles de la ciudad. Durante el recorrido visita los templos de Las Monjas, El Oratorio y San Francisco. La celebración está a cargo de los grupos de danza, comunidades indígenas y pueblo en general. El paseo termina en la Parroquia con una solemne misa.

Fiesta de los Fieles Difuntos

31 de octubre, 1 y 2 de noviembre

A partir del último día de octubre, comienzan a prepararse las ofrendas y los altares de muertos. Además de los altares particulares, que en ocasiones están abiertos al público, merece ser visitado el altar que se expone en el Museo Histórico de la ciudad o Casa de Allende, gracias a la iniciativa de un grupo de impulsores de las tradiciones locales. En esta ofrenda se desarrolla un ritual indígena a cargo de un grupo conchero tradicional de San Miguel, a partir de las ocho de la noche del 31 de octubre. Primero se enciende el fuego por las ánimas de los niños difuntos y después por el ánima de los antepasados adultos y los venerables ancianos, todo ello envuelto por el humo aromático del copal y el sonido de emotivos cantos y alabanzas acompañados por el tañer monocorde de las conchas de armadillo. La ofrenda es visitada durante los días 1 y 2 de noviembre, y por la noche del último día se levanta y se reparte entre los concurrentes.

Las chirimías o tunditos.

Las mojigangas.

Otro interesante altar tradicional es montado año con año en el Centro Cultural "El Nigromante", dedicado cada vez al ánima de distintos personajes. Esta ofrenda puede ser visitada a partir del día 1o. de noviembre.

Las Fiestas Navideñas

última quincena de diciembre

Una de las tradiciones más celebradas en San Miguel es la de las "posadas", que se hacen al anochecer durante los nueve días previos a la Noche Buena. Estas tienen lugar en las diferentes calles y barrios de la ciudad, así como en las casas particulares y en los templos. Las más tradicionales se llevan a cabo en la capilla de Nuestra Señora de Loreto, contigua al templo del Oratorio, donde pueden escucharse aún cantos antiguos y las llamadas misas de aguinaldo.

Las posadas callejeras son muy animadas, sobre todo para la población infantil. Después de los rezos y la procesión de los peregrinos, se pide posada. Al abrirse las puertas, se reparte el aguinaldo junto con el tradicional ponche, los buñuelos y el atole, y se quiebran las piñatas.

La Navidad se celebra con la tradicional misa de gallo, y se recibe en los hogares sanmiguelenses con el acostumbrado "nacimiento", confeccionado con ramas de pino, musgo, heno y las tradicionales figuras de barro.

En el quiosco del Jardín Principal se instala cada año un pintoresco nacimiento de tamaño natural, que incluye animales vivos, y que perdura hasta el día de Reyes.

FOUNDATIONS OF THE CITY

The Pre Hispanic Population and its Cultural Affiliations

The pre Hispanic population which inhabited the region where the city of San Miguel is located, before the arrival of the Spaniards, was characterized by its nomadic way of life. Food was not produced and the population depended uniquely on hunting and gathering. Although generally all the groups in the area with these characteristics are referred to as Chichimecas, this population consisted, in fact, of a series of ethnically distinct groups, such as Cazcanes, Guamares, Copuces and Guachichiles.

However, this was not always the case, for around the year 200 A.D. groups which did practice agriculture began to be established and left testimony of their ability to produce stupendous ceramic works. Some of these works can be appreciated today on the ground floor of the Historic Museum of San Miguel de Allende.

Thus the population of the first two hundred years of the Christian era was organized in small agricultural communities situated along the course of the river which today we know as Laja River.

With the passing of the years, between 950 and 1110 A.D., the pre Hispanic society of what is now the Municipality of Allende and the best part of the state of Guanajuato underwent a cultural development which reached extraordinary levels in the fields of agriculture, architecture, stonemasonry and commerce. This cultural combination was linked to the great pre Hispanic metropolises: Teotihuacan and Tula.

The economic flowering during the pre Hispanic time in the region of Guanajuato took place around the year 1000 A.D. Archaeological materials indicate that the tools fabricated in this region were contemporaneous with those fabricated in Tula, Hidalgo, between 950 and 1150 A.D., when it reached its apogee.

Moreover, in agreement with the Indian document of the 17th Century, the *Tolteca-Chichimeca Codex*, the region of the Municipality of Allende formed part of the Tolteca territory, which was composed of five provinces. Each one was composed of four regions with a capital in the center. Everything indicates that the capital of the western province of the Tolteca state was found on the top of a hill known as Culiacán, the highest point of all the Guanajuato Bajío. The precise locality of the northern capital is unknown, nevertheless it could well be an archaeological site located in the Municipality of Comonfort, Guanajuato, as it contains constructions and archaeological materials which relate to Tula, such as the game of *Pelota*

and ceramics of the style *Plumbate*, which were so much used by the Toltecs within and outside of their territory.

Thus, that which is the Municipality of Allende belonged to the northern region of the province of the north which was named Panoayan, the ancient name of the region of Pánuco. Therefore the limits of the region which today are known as the Sierra Gorda probably extended to the zone that comprises Guanajuato.

Approximately in 1100 A.D. the agricultural frontier began to run towards the south, so the current state of Guanajuato and other entities were left outside of the Mesoamerican territory. Towards the year 1200 A.D. the ceremonial centers were completely abandoned.

Due to theses migratory movements, the region became populated with migratory groups which distributed themselves throughout the territory and which, contrary to the agricultural groups of the year 1100 A.D., had a very poor culture. Therefore, more than three hundred years passed without significant changes in the daily life. From the arrival of the Spaniards a radical and accelerated transformation began to take place. With the presence of the conquerors and their permanence in the zone, the pre Hispanic population began to disappear, giving way to a new *mestiza* or mixed culture, the Mexican.

The Vestiges which Remain to the Present Day

Between the years 950-1100 A.D. the towns of the settlers were distributed throughout the valley formed by the course of the Laja River, and they exploit the principal natural resources.

Archaeological relics suggest that the architects of that epoch constructed establishments for distinct activities and with different characteristics.

Given these characteristics, we will call the types of archaeological sites within the municipality: Director Center, Administrative Centers and Productive Centers.

Director Center: This is represented by a site known as San Miguel Viejo V, which is located to the southwest of the city. The general outline of the site presents an orientation from north to south, although that of the archaeological monuments is from east to west. This site is composed of nine pyramidal structures.

Administrative Centers: These are represented by three sites: La Cañada de la Virgen I, Agua Espinoza I and San Antón Ceballos I. All of them are located upon natural fortified areas. Therefore, their orientation allows observation of the principal access routes into the valley. La Cañada de la Virgen I is located to the south of the valley, Agua Espinoza I is situated to the east, whereas San Antón Ceballos I is found to the northwest of the central basin of the Laja River.

Among these centers, La Cañada de la Virgen I stands out for its monumental character and its good state of preservation.

The site itself, moreover, is interesting and assures an exciting excursion, since it is in the middle of the canyon that surrounds it and protects it in a natural manner, that is to say, to arrive there it is necessary to cross a canyon; its geographic position permits the observation of its access to the south and west of the high basin of the Laja River and offers us a beautiful and impressive countryside.

La Cañada de la Virgen I consists of seven monumental structures. The principal, "A", is a prototype of Chichimeca architecture which centers around a central patio and a church or temple, with an avenue which links the ceremonial enclosure with the surrounding ravine, that is, with its protective "walls".

To the north, there is a pyramidal base of a mixed form, that is to say, the upper part of the construction is circular, whereas the lower portion is rectangular, which indicates an association with the cult of Quetzalcóatl.

The natural surroundings are beautiful and interesting since the site is located at a point of confluence of three ecosystems. Immediately to the northwest of the location is an ecosystem composed of extensive high plains covered with pastures; to the southeast one finds a temperate woodland, and to the north there is a great, semi-arid expanse around the high basin of the Laja River.

Productive Centers: Productive centers, whose purpose was to exploit natural resources of the region, may be found throughout the length and breadth of the municipality. Just as examples, we will mention four: Palo Colorado II, Tierra Blanca II, Tierra Blanca V, and Cruz del Palmar IV. The majority of them were related to the extraction and transformation processes of raw materials for various uses, such as agricultural production.

Monumental Architecture: All monumental structures, that is to say, those with pyramidal bases, were built in the same way, which means, by the same society. They are structured with three elements, the nucleus, the slope or talus and the edifices, which, in turn, have various components. It involves a very simple system which consists of coating the area with great volumes of plaster (the nucleus) by means of a wall with an inclination of 47 degrees (the slope or talus). On top of these bases were raised the temples in which important ceremonies took place.

Within the high basin of the Laja River are found seven distinct architectural forms. The prototype pre Hispanic style of San Miguel region is composed of three principal elements: a raised exterior esplanade, an enclosed patio and the higher structure. There are 27 structures with these characteristics in the area, though with different dimensions.

To give an idea of the dimensions of these bases, we will say that the largest of these architectural assemblages, that of La Cañada de la Virgen I, measures 90 meters in length by 70 meters in width, while the highest point presents a height of 16 meters. This base shows various constructive stages, the final one, that which we can best appreciate today, is composed of eight parts and dates approximately from the year 1000 A.D.

There is no doubt that the pre Hispanic architecture of this region possesses historic, esthetic and technical values which make it extraordinary.

The Abandonment of Pre Hispanic Sites

The abandonment of the northern provinces of the Tolteca empire, around 1150 A.D., was due, on one side, to political power struggles led by the followers of Quetzalcóatl and of Tezcatlipoca in Tula, the very same Tolteca capital. On the other side, lack of rains provoked the emigration of the settlers to other lands. The central high plateau and part of the territory belonging to Michoacán were the places chosen by the migrant Chichimecas.

The Colonizers and Evangelists

After a bloody struggle between Mexicans and Spaniards, in the year 1521, the great Tenochtitlan fell under the dominion of Hernán Cortés. This was the moment in which Spain began to exercise sovereignty over what is today Mexico, a situation which continued through three hundred years.

On initiating its works in the conquered territories, the Spaniards had to struggle arduously against the Indo-American traditions. Thus, they occupied themselves with converting the natives of New Spain to Christianity with the object of having control over them.

Owing to the conditions of nomadic life which prevailed in the southern frontier of Indo-America (the northern central region of Mexico), which were different from those of the central high plateau, it became necessary to carry out an armed struggle under different conditions, in as much as the native groups in these latitudes used different combat practices. This situation provoked a violent episode in the history of the Americas: The Chichimecan War, an armed struggle which lasted during approximately 50 years.

The ending of this conflict in favor of Spain was due more to the concessions and gifts that they gave the Indians, and to the determination of the mendicant friars, than to the efficacy of the viceroyal army. The participation of the monks was fundamental in obtaining peace.

In that which is today the state of Guanajuato, the process of settlement and evangelization was initiated from Michoacán. The first monastery erected in Guanajuatan soil, that of Acámbaro, was founded near the Grande (Lerma) River by monks coming from Uruapan.

From there expeditions set out to explore the lands to the north: the lands of the Chichimecas. The distinguished Franciscan, Fray Juan de San Miguel, Guardian of the Monastery of Acámbaro, initiated an expedition towards the north along the course of the Grande River and its tributaries, arriving as far as the Laja River.

The Foundation of San Miguel in its Different Levels: About 1542, Fray Juan de San Miguel carried out an expedition whose objective was to look for an appropriate place to found the first town which would serve as a true center of catechization. The expedition arrived as far as the upper basin of the actual Laja River. In this spot he constructed a small church, the Chapel of San Miguel Viejo, where the first Christian ceremony in the region was celebrated; he also founded a town in which would begin the task of instructing the natives in the principles of religion. He entrusted the custodian ship of the new settlement to Fray Bernardo Cossin, to thus convert his most violent enemies, the Copuces. This situation continued throughout various years, until, in 1551, a group of Copuce Indians set fire to the town of San Miguel de los Chichimecas.

It became necessary to look for a locality that would permit greater defenses. Fray Bernardo found, a few kilometers from the original settlement, a stupendous spot situated above the face of a slope which contained a spring which to the present date continues to provide the water of the actual city of San Miguel de Allende.

The first edifice which Fray Bernardo de Cossin raised was the Chapel of La Santa Cruz, located scant meters from the source of water. The town of San Miguel began to grow around the springs and was populated by indigenous groups coming from various areas of the center of Mexico. Today this zone is known as the Quarter of El Chorro.

It wasn't until the year 1555 that the Viceroy Don Luis de Velasco considered it convenient to found a town for the defense of the access roads to the lands of silver and gold. Fifty Spanish families were relocated, who constructed the new settlement to the north of the Quarter of El Chorro.

The first religious buildings of the new settlement were the Chapel of San Rafael, the Chapel of the Virgen de la Soledad, and the Temple of la Tercera Orden. The Chapel of San Rafael was the site, in 1564, of the first parish, established by Don Vasco de Quiroga. The main plaza was situated to the northeast, precisely in the spot where they had raised the Chapel of the Virgen de la Soledad, an image which was venerated by the conquerors. This is today the Plaza Cívica Ignacio Allende.

From a legal point of view, during the 16th Century and part of the 17th, the town of San Miguel belonged to the greater mayoralty or political sphere of Xilotepec, until the sixth decade of the 17th Century when the Mayoralty of the Villa de San Miguel el Grande was created. Its jurisdiction included the town of San Felipe and the Congregation of Nuestra Señora de los Dolores.

The Introduction of Cattle and the Development of Rural Communities: The monks, as well as the ranchers, were interested in the peaceful colonization of the territory of Guanajuato. The lands located to the north of San Miguel presented optimal conditions for raising cattle. In 1573 the Viceroy Luis de Velasco granted some Spaniards major cattle ranches in the Sierra de la Margarita along the road which goes from San Miguel to Xichú.

From these grants of land and other favors for ranchers, a source of wealth was born which, in the end, proved fundamental for the economic development of the Bajío, that is, the fertile plateau of northern Mexico, during the 18th Century. Thus, while on the range they were raising cattle, in the town they were producing utensils for the management of the cattle.

It can be affirmed that it was in this region that the seed was sown that gave birth to the tradition of horsemanship, for the difficult cattle drives produced the first Mexican *jinetes*, or horsemen.

Coincidentally, the course of the San Miguel River, today the Laja River, and its tributaries were populated by indigenous groups of people whose origins were principally from the center and south of Mexico.

Nowadays, we can find along these mayor rivers a great number of rural settlements which were founded between the end of the 16th Century and the middle of the 19th Century. Many of them have preserved their religious monuments, churches, chapels, shrines, wayside shrines, open chapels, and other buildings.

The chapels, for example, present a ground floor consisting of a simple nave formed by the arris vault which rests upon four solidly built buttresses. The doorways in the facade are very elaborately carved while the rest of the facade is completely smooth; to the left stands the church tower with its belfry.

Given its characteristics, these chapels are a true testimony to the hybridization of the cultures, which in spite of having been constructed by European masters, contain elements which give an account of the imagination and artistic talents of the native people.

FROM THE SPANISH DOMINION TO THE NINETEENTH CENTURY

The Urban Center: The Town of San Miguel el Grande

The town of San Miguel el Grande was chosen from the very beginning as the residence of the large landowners of the region. The Congregation of Nuestra Señora de los Dolores is based in San Miguel since 1643.

The arrival of rich Spaniards from the mother country (called *peninsulares*), as well as from other parts of the American Continent (Creoles), left a special stamp on the town which distinguished it from other urban centers spread throughout the region called the Bajío. By 1750 the town stood out as one of the most important and prosperous populations in the viceroyalty of New Spain.

Its urban layout in the form of a chess board was the result of advance planning, and from that came the squared or checkered design of San Miguel. As a town of Spaniards, the residences of the *peninsulares* and of the Creoles, as well as churches and monasteries, were located in the center of town, around the main plaza or Plaza Mayor. On the other hand, the huts of adobe, the dwellings of the Indians and *mestizos* (those of mixed-race), were to be found in the outskirts of town.

Civil Architecture

The baroque style of homes built during the 17th Century was similar to the Andalusian homes. In the middle of the 18th Century, the epoch of greatest prosperity of the town, the use of a special type of home became common, namely the stately of lordly residence. This style was reserved for families of ancient lineage and entailed estates.

This aristocracy was already eminently Creole, descendants of *peninsulares*, but linked to America through ties of money and of the land itself. It left a testimony to its splendor and prosperity in the exquisite baroque and neoclassical edifices of San Miguel. Works undertaken by rich proprietors, churches and residences, monasteries and chapels, streets and fountains, all reflect the prosperity and pride of the city.

The most imposing for its magnificence and good taste is the home in neoclassic style of the de la Canal family. Even though tradition attributes it to Francisco Eduardo Tresguerras, Manuel Toussaint doubts it. The residence of the Allende family, an elegant home with a sumptuous facade and balconies of baroque influence, dates from mid-18th Century. Notable in it is the forged iron-work of the balustrades, handrails and banisters.

The great residences are all of artistic taste, but there is always in each one of them some special element which distinguishes it from the rest, be it the facade, as in the case of the Sauto family mansion, that of the Marquis of Jaral de Berrio, that of the Count of Casa de Loja; or the originality of the balconies, such as the home of Juan de Umarán, which presents a balcony on top of some small stone dogs, or those of the home of the Inquisitor, of sculptured stone.

Religious Architecture

Also as testimony of the prosperity of San Miguel in the 18th Century are the great and costly religious buildings. The construction, decoration and ornamentation were subsidized in large part by the leading men of the town. As to their artistic styles, from 1630 well into the 18th Century, "...we are witnessing a total renovation in criteria: they are no longer the previous plateresque works which had to prevail in the churches", said Toussaint, "but a new stylistic fashion was being worked out which consisted of taking elements of all the previous forms and building of them a new style, San Miguel Baroque".

The Parish or La Parroquia: San Miguel was built as an administrative center of the curacy or parish in 1564 by Vasco de Quiroga, Bishop of Michoacán, conferring it on one man of the secular clergy. The present Parroquia was built upon the old one, at the end of the 17th Century or at the beginning of the 18th, under the protection of the Archangel San Miguel, patron of the town. Its structure has endured various later modifications which have altered its original aspect. The ancient parish had two towers, one taller than the other, and did not have a dome in the transept. The towers were demolished at the end of the past century to substitute them by attaching a narthex to the facade, all in a curious, pseudo gothic configuration. This modification, as well as the dome of the transept, was the work of the master Zeferino Gutiérrez.

San Rafael or la Santa Escuela: In the same atrium as the parish, to the left, rises a church whose name, Santa Escuela de Cristo, comes from the fact that the Philippean Father, Luis Felipe Neri de Alfaro, had instituted there this devout association in the middle of the 18th Century. This church, too, lost its original tower to give way to another also in pseudo gothic style, like the parish. The severe facade, with stone medallion and sculptured Holy Christ, is of the original church.

Church of La Tercera Orden: A Franciscan church constructed at the beginning of the 18th Century. For its simple, strong and austere aspect, it would seem to be of an earlier period. However, it is feasible that its benediction took place in 1713.

Church of San Francisco: This building that began in 1779 and was finished 20 years later, has a facade which proudly figures among those of the lavishly ornamented Churrigueresque style. Its lateral frontispiece, says Miguel Malo, "...contains some of the finest, graceful *estípites* (pilasters in the shape of truncated inverted pyramid) of Guanajuatan Churrigueresque. Its tower, attributed to Tresguerras, is in the neoclassical style, as well as the interior decoration of the church. The sacristy and anti-sacristy shelter paintings of fine workmanship: highlighted here are *The death of Saint Francis* by Rodrigo Juárez, and the *Saint Gabriel* by Juan Correa.

Oratory of San Felipe Neri: The Priest of Pátzcuaro, Juan Antonio de Espinoza, at the request of the town of San Miguel, founded in 1712 the Congregation of los Padres del Oratorio. The Phillipeans remodeled the Chapel of Ecce-Homo, belonging to the Brotherhood of Mulattos, giving it greater dimensions and a different orientation. The construction of the oratory was finished in 1714. The facade of the church is a beautiful and original example of baroque, very notable as much for its design and fine workmanship in stone as for its rare pink color. A good number of oils and a precious collection of distempered sculptures are preserved in its interior. But the most notable aspect of the church is the Chapel of la Santa Casa de Loreto, located in its left transept.

La Santa Casa de Loreto: Manuel Tomás de la Canal, son of a rich grain merchant from Mexico City and owner of an extensive estate, founded, in 1732, and maintained this magnificent chapel dedicated to the Virgin of Loreto. The chapel, the side-chapel and the sacristy, which make up la Santa Casa preserved notable architectural jewels as well as paintings and sculptures.

The interior of the side-chapel, with an octagonal floor plan, contains three marvelous gilded wooden altarpieces with distempered sculptures which make it a prime example of exuberant baroque style. The ceiling consist of vaults held by crossed arches of clear Moorish influence.

College of San Francisco de Sales: Starting with the foundation of the Congregation, one of the first activities undertaken by the Oratorian or Phillipean Fathers was the free education of children and youths, indigenous and Spanish. In 1718 the Father Juan A. Pérez de Espinoza petitioned the king of Spain for the legalization of the studies which were to be carried out in the Salesian College. Royal permission was granted and in 1734 the Royal and Pontifical University of Mexico recognized the program of studies of the collegé which from that time began to achieve fame, not only as the sole such institution in the region, but for the high caliber of both its teachers and students.

The most illustrious was Father Juan Benito Díaz de Gamarra y Dávalos, who studied in the Oratorian classrooms of San Miguel and later taught in them as well. In 1770 he established a new plan of studies for the college that included subjects which in Europe were transforming knowledge and attacking tradition.

Chapel of Nuestra Señora de la Salud: This unusual chapel owes its origin to the devotion of Father Luis Felipe Neri de Alfaro for the Virgin of Health and to his personal wealth. It was constructed in 1735 as a chapel of the College of San Francisco de Sales. The handsome colored facade in baroque style, described by Miguel Malo as "incipient Churrigueresque", is protected beneath an elegant and most ample scallop shell. Preserved in this chapel are fine paintings and sculptures.

Church and Convent of La Concepción: Better known as "the Nuns", or Las Monjas, this architectural whole was constructed by María Josefa Lina de la Canal y Hervas, eldest daughter of Manuel Tomás. She decided as well to found a monastery of religious Conceptionists in her native town.

The building began in 1755 and was entrusted to the architect Francisco Martínez Gudiño. Both convent and church were inaugurated the 28th of December of 1765, although the tower and the dome were not finished until the 19th Century, in 1842 and 1891, respectively. The project and the construction of the splendid dome of two bodies is attributed to the master Zeferino Gutiérrez. The cloister, as well as the major altar, are in the neoclassic style. In the interior of the church the imposing and austere screens of the high and low choir stand out, and the magnificent gilded altarpiece in it.

Other ancient churches of singular interest in San Miguel are those of Santa Ana, San Juan de Dios and the Hospital of San Rafael, San Antonio de la Casa Colorada, Santo Domingo, El Calvario, La Ermita, San José, Chapel of El Valle del Maíz and the Oratory of Los Siete Dolores de la Santísima Virgen.

Sanctuary of Atotonilco: Within the present day Municipality of Allende and 14.5 kilometers from San Miguel on the road to Dolores are found the Sanctuary and Home for Spiritual Exercises of Atotonilco, founded and initiated by Father Luis Felipe Neri de Alfaro through 1740 and 1748. The sanctuary, dedicated to Jesus the Nazarene, additionally includes five chapels (Belén, la Casa de Loreto, Nuestra Señora del Rosario, La Purísima, El Calvario or Santo Sepulcro) and the sacristy. Miguel Hidalgo took from its interior the standard of the Virgin of Guadalupe in his march towards independence. Another event which unites the collective memory to the sanctuary is that of the wedding of lieutenant José Ignacio María de Allende and María de la Luz Agustina de las Fuentes, in 1802. These two events gave greater fame to the sanctuary than that of being the largest home of spiritual exercises in Mexico, and probably the best attended.

The Sanctuary of Atotonilco, "bastion of New-Hispanic baroque", as it has been called, owes its mural paintings to Miguel Antonio Martínez de Pocasangre, who also incorporated on the walls the poetry of Father Alfaro. The interiors of the sanctuary (chapels, vaults, domes and little lamps) are covered with extraordinary *al fresco* paintings.

Economic Regional Development: The Town of San Miguel and the Bajío

The Population: From the year 1550 and onwards the sparse native population of the zone was gradually displaced by the arrival of indigenous groups from other regions (Tarascos, Otomies, Tlaxcaltecas and Mexicas) who came to form Indian congregations near the town of San Miguel and to work in the cattle ranches of the Spaniards. Additionally, other sources of work which the region of the Bajío offered attracted a number of groups, ethnically and culturally different, combined and formed a relatively homogeneous population, the New-Hispanic, *mestizo par excellence!*

The Artesian Textile Industry: As a result of the great population mobility characteristic of the Bajío, the town of San Miguel could rely upon sufficient manpower for this economic activity. The growing work force which was settling in San Miguel possessed an exceptional ability with textiles, furrier and ironwork, assuring the development of artesian activities which, by 1750, included a broad range of products, some of them particularly characteristic of the town. In this manner, San Miguel became especially famous for its saddles and for those crafts which derived from a typical activity of the Bajío: horsemanship. Nevertheless, the economic activity which sustained the existence of the town was the manufacture of woolen goods.

By the end of the 18th Century, the excellence of San Miguel textiles, that resulted in the production of articles of high quality, and the size of the production, made of San Miguel one of the largest centers of production of cloth in New Spain. But the success achieved by the town by the middle of the 18th Century was possible thanks to its position within the economic complex of the Bajío, which, at the end of that century constituted an autonomous regional unit and, therefore, economically independent from Mexico City and detached from the interests of the Spanish crown.

The Economic Complex of the Bajío: The discovery of the Real de Minas of Santa Fe, in Guanajuato, and their subsequent development, which culminated with their integration as an important element within the economic complex of the Bajío, represented the beginning of a new economic structure during the 17th Century.

The weakening which the Spanish empire suffered, beginning in 1620 —due to its wars in Europe, among other reasons— had a great effect on its commercial relations with New Spain.

The mining activity of New Spain reached a crisis when its exchanges with the mother country decreased, therefore the mines and other activities changed their orientation, concerning themselves with the satisfaction of local necessities.

The relative abandonment of New Spain on behalf to the crown allowed the economic and social reorganization of the Bajío, and from 1760 it became a self-sufficient regional complex. San Miguel enjoyed a long respite from its obligations to the crown during this period and it was possible to guarantee the economic and political control of the town of a broad play of family interests.

The Cattle *Hacienda*: The area of San Miguel was adjacent to the zone which the colonial administration designated, since the 16th Century, as one of maintenance and support of, among other things, the Real de Minas of Santa Fe, in Guanajuato. This activity was developed thanks to natural conditions, such as altitude, climate, the existence of plains and tablelands in a continuity of high plateaus interrupted by ranges of mountains, lands covered with semi-arid vegetation and rich pastures, which provided an excellent situation for the breeding of cattle. Cattle provided the driving force and raw materials for mining, commerce and manufacturing activities.

The evolution of the *haciendas* or large ranches of San Miguel grew side by side with the slow development of the mining activity of the Bajío. Both activities reached their highest levels in the last half of the 18th Century.

The Agricultural Bajío: The fertile plains to the south of the mountains of Guanajuato were, before mining, the most important source of agricultural supplies for the rapid growth of mining activity in Zacatecas and in Durango.

The wealth of the land of the Bajío and the security of the markets within and without the region generated a consistent commercial agriculture throughout the 17th Century. Since then, the Bajío was one of the largest producers of wheat in New Spain, a situation which confirmed an important place as provider of food. Nevertheless, towards the second half of the 18th Century mining in Guanajuato reactivated itself and took a leading position in the production of precious metals.

The mining bonanza stimulated to a surprising degree commercial development in the surrounding area. On the other hand, the quality of the soil and the investments transformed the fields of the Bajío —Acámbaro, Celaya, Salamanca, Silao, León— into the best cultivated in New Spain. The farming of wheat and corn was so prosperous that it gave the region the well deserved title of the granary of the New Spain.

As a part of this dynamic, agriculture in the area of San Miguel began to predominate, around the middle of the 18th Century, over cattle raising, which rather that being an unattended activity, was complemented by the new agricultural products.

Commercial Activity: The deposits of silver discovered in Guanajuato gave rise to an increase of commercial routes, which gave the lowland territory an interesting cohesion and a favorable atmosphere for what has been called a regional urban complex.

The Bajío was crossed by three large commercial routes: that of the north, from Santa Fe and San Luis Potosí; that of the west, which arrived at Guadalajara; and a dense network of royal roads and local routes within the boundaries of the region. The town of San Miguel was situated strategically in the center of mercantile activity, the focus of attraction of the regional market where mining products, farming products and those manufactured in the area came together.

San Miguel participated in this commercial interchange with two great craft industries derived from the raising of cattle: wool and leather. These productive activities started back in the 16th Century, but it was not until the 17th and 18th that production on a grand scale allowed not only the satisfaction of regional requirements of the Bajío, its principal market, but also of more distant markets.

The local commerce of the town consisted of grocery stores or general stores, bakeries, granaries and small stalls. The owners of the shops were Spaniards and Creoles, and some were tied to the commercial monopolies managed by the powerful shopkeepers of Mexico City until 1789, the date when the Decree of Free Trade came into force in New Spain.

In spite of the fact that the region of the Bajío was favored by this decree, which opened new corridors for the circulation of goods, the textile industry, the most important branch of production of useful goods and a fundamental part of the meshing of its interregional commerce, began to decline due to a market saturation of cloth and cotton fabrics of European origin. This phenomenon caused fissures in the regional economic system.

The establishment of free commerce was not the only profound change initiated in New Spain in 1765. Spain, pressed for resources, introduced successive administrative and fiscal reforms with the object of regaining control of its American colonies and obtaining from them greater financing.

The reforms undertaken by Carlos III de Borbón (The Bourbonic Reforms, which accentuated the colonial character of New Spain), gave rise to what the inhabitants of the Bajío and its surrounding zones, who had a strong regional identity and enjoyed economic autonomy, embarked upon as the final confrontation with the mother country in defense of its own interests.

San Miguel el Grande: Crucible of Independence

The System of Management: In the middle of the 18th Century, New Spain grew and prospered. This progress could be attributed to the actions of enlightened European despotism. The Bourbon Reforms constituted a series of measures to restrain the power and autonomy which, thanks to a system of interests and privileges, certain groups and corporations had evolved.

The imposition of the system of management dealt a strong blow to the autonomy which the mayor's office of San Miguel had achieved.

Formation of the Regiment of Dragoons of the Queen: In 1762, when Spain lost the city of La Habana to the English, the crown had the necessity of reorganizing the military apparatus in its American possessions. But this urgency concealed the new role that the military apparatus was to play in New Spain.

To guarantee loyalty to the crown, the initial project consisted of sending Iberian armies to New Spain. Nevertheless, this measure soon had to be modified due to the difficulty which it presented to the royal treasury to maintain regular troops outside of Spain. Instead, bodies of militia were formed, composed of inhabitants of New Spain and trained by the Spanish military.

The dimension, composition and financing of the provincial militia gave rise to one of the mayor and largest controversies of the time, with the envoys of the crown with such a proposal. Finally, among the multiple projects expounded, the project of the Viceroy Branciforte was chosen (1794-1798). The Branciforte plan managed to solve the great obstacles to the consolidation of the colonial army: its financing and recruitment of troops.

In regions such as San Miguel El Grande, the interference with the economic management by the rich landowners of the zone notably molded the character and evolution of the militia. Thus, to the original idea of the Viceroy Branciforte of creating a regiment of infantry in Celaya, with units in Dolores, San Felipe and San Miguel, the town council of the latter promised to pay for a company. However, the contributions on the part of the Creoles stood out in such magnitude that Miguel Malo y Hurtado de Mendoza petitioned the viceroy to concede to the town of San Miguel its own corps, independent of that of Celaya. In October of 1795, Branciforte agreed to the petition and caused the formation of the Provincial Regiment of the Dragoons of the Queen in San Miguel, made up of twelve companies distributed through San Miguel, Dolores and San Felipe.

Ignacio Allende: José Ignacio María de Allende y Unzaga was born in San Miguel el Grande the 21st of January in 1769. He was the son of the Spaniard Domingo Narciso de Allende, and of the Creole María Ana de Unzaga, rich merchants and landed gentry of the town. It is probable that Allende had studied in the College of San Francisco de Sales in his native land, a school which the Aldama brothers also attended. In 1795, with the formation of the Regiment of the Dragoons of the Queen, Allende joined its ranks, purchasing, according to custom, the grade of lieutenant in the Third Company.

From that time until 1804 the military actions of the Dragoons of San Miguel were few and limited basically to exercise drills and guard duty. However, with the breaking of the Peace Treaty of Amiens between Spain and England, in 1805, the maneuvers and drills of the colonial troops in New Spain were intensified as a prevention against a possible attack on the part of England.

The San Miguel militia body was present at the military rally of 1808, in the Ejido de la Acordada of Mexico City and from there went to billeting in San Juan de los Llanos, in the neighborhood of Jalapa.

Moreover, in this same year, already being quartered in Veracruz, Allende followed and eagerly discussed news which arrived from the mother country: the Napoleonic invasion of Spain and the abdication of Fernando VII in favor of Bonaparte. From the capital of the viceroyalty also arrived news: of the *coup d'état* of the Viceroy Iturrigaray and the arrest of Primo de Verdad, Talamantes and Azcárate. It was time to act. The time was ripe to forge the Independence Movement.

Ignacio Allende returned to San Miguel at the end of 1808. His return coincided with a series of secret meetings with patriotic associations in various points of the region of the Bajío, with the goal of plotting strategies of fighting against the Spanish government. It was in the conspiracies of Querétaro and of San Miguel, however, that the destiny of New Spain was cast. Allende played a key role and presided over the meetings, disguised as social gatherings at his brother's home, Domingo Allende.

With the uncovering of the Querétaro conspiracy, the San Miguel conspirators took the reins of the movement. Allende turned up immediately in Dolores to inform Hidalgo about the danger which hovered over them. After a few hours of hot debate it was decided to take up arms.

The Insurgency of San Miguel el Grande: After the events which occurred in the early morning of the 16th of September of 1810 at the vestibule of the parish church of Dolores, the revolutionaries went to San Miguel el Grande. Far from offering resistance to the lines of insurgents, the bulk of San Miguel jubilantly joined up with them.

In San Miguel, it was Allende who served as a bridge between the army and the population. On one side, Allende was the determining factor for the adhesion of the main part of the Regiment of the Dragoons to the cause and, on the other, his influence in the town contributed to the populace's seeing and feeling the movement as something of its own. But the fundamental merit of Allende lay in his having been consistent with the ideas of his class and in having known how to guide many nonconformist Creoles. They would later direct the destiny of the new nation.

In the early morning of the 19th of September of 1810 the insurgents continued on their way to Celaya. But first they put under guard the Spaniards of the College of San Francisco de Sales and named the new authorities of the town.

Fate would have it that the name of Ignacio Allende would remain tied in history to his native San Miguel. On the 8th of March, 1826, independence being achieved, the state congress proclaimed San Miguel a city and modified its name so that in the future it would be known as the City of San Miguel de Allende in honor of the great insurgent who was born there.

Panorama of the Nineteenth Century (1823-1876)

The life of Mexico as a republic began in 1823, once the short-lived Empire of Agustín de Iturbide was eliminated. With the organization of the Mexican territory into a federation, the government attempted to reactivate the main economic resources of the country. Necessary to the production of the mining industry, it gave its attention to the free and sovereign state of Guanajuato.

During this period, the forces of the government were put to the political and economic organization of the nation. The way the construction of the national project should be carried out created the ideological breach between the factions which during various decades of the 19th Century would fight for power: the liberal and the conservative.

Guanajuato, thanks to its governor, Manuel Doblado, showed its support for liberalism in August of 1855, by espousing the Proclamation of the *Plan de Ayutla* which repudiated the dictator, Santa Anna. With the eruption of the War of Reform (1858-1860), in which liberals and conservatives confronted each other with violence, Guanajuato welcomed President Benito Juárez who was not accepted by the forces of conservatism. From the 17th of January to the 13th of February of 1858, the capital of the state was converted into the seat of power of the union (*Poderes de la Unión*).

SAN MIGUEL IN THE TWENTIETH CENTURY

The Turn of the Century: from Porfirio Díaz Dictatorship to Revolutionary Convulsions

The political stability of the last few decades of the 19th Century allowed certain economic recovery of the city of San Miguel de Allende. The great rural *haciendas* were consolidated into productive social units. Dams, aqueducts and other important hydraulic works which we can admire within the municipality were then constructed. Thanks to the abundant spring water, orchards of fruit trees flourished and multiplied in the urban zone, starting a competent horticultural and gardening tradition. Crafts developed and excellent master builders, masons, carpenters, smiths, etc. gave fame to San Miguel at the beginning of the new century. A few industries, such as textiles, had a resurgence and infused life to the old colonial period town after more than fifty years of economical decadence.

This incipient prosperity manifested itself in public and private works that modernized and beautified the city, though in many cases destroying architectural harmony, predominantly baroque, of the 18th Century.

It was in these years that the inauguration of the oldest theater in neoclassical style of the state of Guanajuato took place, with a performance by the opera singer, Angela Peralta. It keeps today the name of that famous Mexican interpretress, and is situated in the streets Mesones and Hernández Macías.

From this renovator zeal, Zeferino Gutiérrez took over the radical modification of the baroque facades of the Parroquia, and of the adjacent church named la Santa Escuela, as well as of the clock tower, in the heart of the city, basing them on gothic models, undoubtedly inspired by the postage stamps of European cathedrals which were arriving in Mexico in those times. Also the great dome of the Church of the Conception, known as Las Monjas, situated a block from the Jardín Principal or town square, is attributed to Don Zeferino.

Additionally, the public areas were modified during those years. The traditional, open and paved, neo Hispanic Plaza de Armas was converted into the Jardín Principal, and planted with trees as we know it today. Even the springs of El Chorro, the source of life for San Miguel from the very beginning, were given a face-lift; they are situated a few blocks from the center, where water tanks, pools, terraces, gardens and public laundry facilities, still in use to the present day, were constructed. All this public and recreational space was extended downstream from the springs, at the beginning of the new century, with the establishment of Benito Juárez Park.

The social life of the Porfirio Díaz Age city was peaceful and modest. The popular religious celebrations, organized by guilds, districts and communities, were celebrated non-stop throughout the year.

This new prosperity of the city of San Miguel, however, had its dark side, for at the same time it contributed to greater authoritarianism and centralized politics, as well as a growing social inequality.

With the outbreak of the Maderist Revolution, in 1910, the mining boom of Guanajuato gradually decreased through the instability and uncertainty which were brought along by the civil war, and even the prosperity of San Miguel de Allende began to decline. Although the city kept itself practically at the edge of the revolutionary conflict, it did not escape constant incursions of military troops. Many families began to withdraw to safer cities, at the same time as the working class drifted away, faced with the decline of the *haciendas* and of commerce, most by increasing the ranks of the armed bands.

As had occurred a hundred years prior, during the War of Independence, San Miguel again went into decline and depopulation, but gradually this time. After a decade of revolutionary struggles, when a period of calm and recuperation seemed to return, there followed the *Cristero* rebellion (war with the Church, anti-cleric war) and the conflicts brought about by agrarian reform. Because of its geographical proximity with the most belligerent zones, the city of San Miguel did not escape the toll of destruction, looting, violence and death.

Little by little, as the political situation throughout the region was reestablished, San Miguel de Allende began anew to recuperate. The quarters and communities returned to life, attached to their professions, farming and former traditions. Some ancient families of landowners returned and new inhabitants started buying land and businesses, among them not a few Spanish immigrants, composing a new society, which began from that time to glimpse the activity which in the future would be the principal source of wealth of the city: tourism.

As opposed to the large part of the important centers of population in the center of the country, whose appearance had been radically altered throughout the present century by modern buildings with no well-defined style, San Miguel conserved in general the original urban and architectural unity of the neo Hispanic (colonial) period, which gave it tame and appeal. This was due in part to its relative isolation and the decline of its economic activities during the years of post-revolutionary modernization, as well as to a natural taste of the

San Miguelenses for their own traditional styles. The efforts of many children of and friends of the city, throughout all of the 20th Century, to rescue and preserve the historic and architectural inheritance of San Miguel de Allende have been outstanding.

San Miguel Today: a Half Century of Cultural Confluence

There's a popular legend that says that the visitor who draws near to the springs of El Chorro and drinks its water has to return to San Miguel. And thus it seem that it has been, for once that calm returned to the region and the life of the city returned to normal, at the beginning of the thirties, the new San Miguel society nourished itself constantly from people of diverse origins, attracted by the climate, the sunsets, the water, the beauty and the magic of the ancient Spanish-colonial town. Little by little this social and cultural amalgamation which makes up San Miguel in our time has been forming, a mixture of the native and the foreign which gives it its singular style so full of contrasts.

During more than 50 years men and women have stood out who, one way or another, contributed to the enrichment and revaluation of local culture. Some San Miguelenses, such as Don Leobino Zavala, author of *The Poetry of Margarito Ledesma*, a book which even after 70 years continues to reflect one of the most refined products of the soul of San Miguel: its humor.

Similarly, the much beloved Miguel Malo Zozaya, *Miguelito*, philanthropist, pharmacist, professor, musicologist and self-taught historian, founder of the first archaeological museum of the city, implacable defender of the historic local heritage, always passionately interested in everything related to regional culture.

Among these people another group stands out: outsiders who ended up being as true San Miguelenses as the natives. They contributed largely to the material and cultural enrichment of the city. Such is the case of the actor, singer and finally monk, a native of Guadalajara, José Mojica, a great benefactor and promoter of his adoptive land in Mexico and abroad. He created the Society of Friends of San Miguel, with the support of people such as Leobino Zavala and of artists such as the San Miguelense singer Pedro Vargas, the bullfighter Pepe Ortiz, and composers Tata Nacho and Miguel Prado. He lived in San Miguel for years, until his death.

Another illustrious adoptive child is the writer and painter, originally from the United States, Stirling Dickinson, an amiable individual, studious of the local culture, creator of an extraordinary collection of orchids (*Orquidareum* Los Pocitos) which may be visited daily in Santo Domingo street, in the old part of town.

In the collective memory of San Miguel remains the figure of the Spanish doctor Francisco Olsina, representative of a generation of prominent humanists, who lived in perpetual exile. This illustrious and kind-hearted gentleman was the first director of the Civil Hospital of the city.

Also, intellectuals and historians have been drawn to the city, attracted by its culture, such as the Potosino (native of San Luis Potosí), Francisco de la Maza, to whom we owe the most complete monograph of the city, *San Miguel de Allende. Its History. Its Monuments*, as well as Justino Fernández and Vicente T. Mendoza, authors of an admirable historic, musical and choreographic study, *Dances of the Concheros in San Miguel de Allende*, artists, writers, or simply those enamored of San Miguel, who have sought the calm, solitude and inspiration of the brilliant sunsets of this corner of Guanajuato, to carry out their work or simply to live in peace.

It was during the initial period of this cultural confluence that the city celebrated the four-hundredth anniversary of its founding: 1542 to 1942. Four centuries since the humble Franciscan, Fray Juan de San Miguel, decided to establish a rustic mission on the banks of the Laja River. The organization of the festivities was in the charge of the Executive Committee of the Fourth Centennial, with an active participation of all sectors of the community. Among which shone the Society of Friends of San Miguel.

To the parish priest, José Mercadillo, a controversial individual within this new society in its period of gestation, is owed the erection of the monument to Fray Juan de San Miguel, located to one side of the Parroquia, in front of the House of Allende. It was unveiled during the year of the commemoration, in an emotional ceremony. At the same time, the ancient and picturesque bull ring or Plaza de Oriente, located in Recreo street, was reconstructed for the festivities.

The Art School of San Miguel de Allende

One rainy day, in 1937, the man who was to leave a permanent mark on the renascent city arrived at the railroad station of San Miguel. His name was Felipe Cossío del Pomar, a painter and critic of Peruvian art who lived in Mexico as a political exile. A man of action and friend of noted artists and humanists such as Diego Rivera and Alfonso Reyes, as well as the politician and writer José Vasconcelos, he was profoundly interested in Mexican culture. On one of his voyages he stopped in San Miguel de Allende and from that time, captivated by the city, he conceived an idea which he would never abandon: to create a Latin American school of art, a school rooted in the popular culture and open to all trends of contemporary art, a sort of "Latin American Bauhaus", as he himself called it. The conditions were optimal: the context of a historic and monumental city, isolated from the large urban centers, among hills and canyons and surrounded by magnificent countrysides, combined with artistic ingenuity and the hospitable character of its inhabitants.

Thus, after some time, he returned to carry out the project for which he craved, committing as well his personal resources. So strong was his conviction that he got support from president Lázaro Cárdenas. The ancient convent of the Conceptionist Nuns, situated one block from the Jardín Principal or town square, at the time semi-demolished and occupied by a cavalry regiment of the Mexican army, was put at his disposal.

The writer Stirling Dickinson seconded the project and concerned himself with the administration and promotion: he made successive trips to various cities of the United States and more than 10,000 fliers were sent to universities and cultural centers throughout America. The School of Fine Arts of San Miguel de Allende opened its doors.

Aside from the courses of fine arts, offered principally to foreign students or those from the interior of the republic, from the very first year the school organized workshops of the popular arts and crafts, aimed at the local population of limited means, with the intention of rescuing and popularizing various ancestral crafts in the process of extinction, such as textiles and ceramics.

Through the years, and thanks to the efforts of its directors, the School of Fine Arts managed to bring together a group of professors and lecturers as good as any of the mayor art institutes of the country. The ancient cloisters of the Conceptionist Nuns received plastic artists such as Rufino Tamayo, Carlos Mérida, Pablo O'Higgins, Federico Cantú, Pedro Martínez, Eleonor Cohen and David Alfaro Siqueiros (these last three left interesting testimonials in the form of murals in the school which still today can be admired). José Chávez Morado founded the engraving workshop. At the same time the group of professors was enriched by the talents of foreign artists who were arriving year after year, attracted by the artistic movement which was flowering in this corner of Guanajuato. Thanks to the wide world of relations that Cossío was able to cultivate, the school numbered among its visitors and lecturers such writers and artists as Pablo Neruda, Gabriela Mistral, León Felipe, Juan de la Encina, Alfonso Reyes, Jesús Silva Hérzog and Diego Rivera.

Soon new areas for the school were necessary, and Cossío acquired the ancient skeleton of the Atascadero Ranch, property of the bull fighter Pepe Ortiz, situated in the old part of the city. It was used as residence for students, professors and visitors to the Institute, already somewhat similar to a university campus.

Unfortunately the project contained an innate defect which consisted of being too dependent upon the person of the founder. Suddenly, Cossío del Pomar returned to Peru after a prolonged political exile, and absented himself for various years from San Miguel, and the school began to decline.

Upon his return to San Miguel he promoted the creation of a new school of art, the Allende Institute, in the ancient large ancestral home of the de la Canal family, located in Ancha de San Antonio street; but this time as an institution of private instruction. Again, with the invaluable support of Stirling Dickinson and of a new associate, the retired politician and ex-governor of Guanajuato, Enrique Fernández Martínez, as well as other collaborators, he began the reconstruction of the mansion, then in ruins. Courses were begun in 1951, with a good attendance of students, nearly all of them from the United States, and the flow increased with the following years.

The legacy of Felipe Cossío del Pomar to San Miguel de Allende, after achievements and failures, feverish enthusiasms and deep disappointments, lives on thanks to the perseverance of many people. From the seed which germinated more than a half century ago, today two schools of art exist: the Cultural Center El Nigromante, a public branch of the National Institute of Fine Arts, and the Allende Institute, a private educational institution. Thus a generation of artistic predecessors, Mexican and foreign, participated in a visionary dream which has not yet finished bearing all its fruits.

Multicultural and Multinational Coexistence

San Miguel offers the visitor a very peculiar image, without equal in any other town in the Mexico geography. Around a predominantly Spanish-colonial and monumental setting, a new city is growing and developing with the characteristics and services of a modern, urban metropolis. In spite of urban and population expansion, as well as the affluence of tourists and commercial activities during recent decades, San Miguel culture continues —alive and vigorous. This culture, of indigenous and Spanish roots, is observed in daily life, both in the speech of the people and in their humor, in their skills, their crafts and their cuisine, in their music, dances and rituals, in the numerous popular festivals, one following the other throughout the year.

The stability of this culture, owing to the historic mixing in the center of the country, has encouraged San Miguel to open itself and receive people of very different origins and nationalities through more than a half a century, without losing its ancestral personality.

One of the most interesting characteristics of this society in gestation consists of a new crossbreeding which was produced by the local population. This crossbreeding is fundamentally between Mexicans and, as we say, North Americans, that is, people from the United States, though other nationalities are included. This phenomenon, overlooked to date by sociologists and novelists, had its greatest incidence through the fifties and seventies, and includes at least more than a hundred couples, foreign-Mexican or Mexican-foreign, whose descendants are notoriously San Miguelenses, bicultural, and form an influential nucleus in present-day society.

This situation was brought about by the affluence of the foreigners and, directly, by the arrival, in the forties, of a numerous group of veterans of the recently terminated second World War, who arrived as scholarship holders of the United States government to study in the School of Fine Arts. There were more than eight hundred students, men and women, who found in Mexico an opportunity to develop their creative aptitudes. Many of them stayed and made themselves San Miguelenses. Some became talented artists and professors of various generations of artists in San Miguel. Such is the case with painters like Kent Bowman or James Pinto, whose works have attained international recognition.

Since then, and during more than twenty years, a new period of artistic activity gave a certain renown to San Miguel within and without the country, above all concerning the flourishing Allende Institute. Waves of students coming from the north attended summer courses year after year, which were recognized by the curricula of their universities in the States. The first art gallery in the city was inaugurated, property of the painter Emilio Baz, and a new multinational generation of plastic artists began to come together in San Miguel with painters such as Charles Blum, Romeo Tabuena, Leonard Brooks and the sculptor Lothar Kestembaum.

The cultural life of the city was, nevertheless, limited, especially regarding the local society. The bilingual bookstore, El Colibrí, was opened property of the indefatigable cultural promoter, adoptive San Miguelense, Carmen Masip, director herself of a language school, the Hispano-American Academy. This academy organized regular courses on Latin American culture for foreigners, as well as the first symphonic concerts and chamber music which could be heard in San Miguel. These concerts marked the rescue of the Angela Peralta Theater, since it had been operating as a cinema.

The School of Fine Arts, after more than ten years of neglect, was revitalized with resources of the federation, in 1960, when the hundred and fifty years of the beginning of Independence were celebrated. After the reconstruction of the second floor of the ex-convent, the school was reopened, this time as the Cultural Center Ignacio Ramírez, El Nigromante. Little by little and with very meager official resources, the school was enhanced with new areas of cultural instruction, such as music, under the forceful direction of Miguel Malo.

This extraordinary San Miguelense, beloved by all, dedicated a great part of his life to the historic and anthropological investigation of the region, as well as to the creation of an archaeological museum for San Miguel de Allende in his own house, the Izcuinapan Museum. Unfortunately the incomprehension and ignominy of some authorities truncated his zeal together with his life itself in 1972. However, San Miguel keeps the memory of Miguel Malo alive. There is a room dedicated to him in the Historical Museum of the city, where we can admire, among other pieces of antiquity, the invaluable collection of prehispanic pipes of the region of San Miguel which he managed to accumulate.

With the death of Miguel Malo, the directorship of El Nigromante was assumed by Carmen Masip. Since then, The School of Fine Arts enlarged even further its courses, workshops and cultural activities, above all its exhibitions and concerts. A good achievement, in which the collaboration of foreign residents has been important, is the International Festival of Chamber Music, which year after year reunites in San Miguel performers and orchestras of worldwide renown.

An other institution which has played a fundamental role in the cultural development of the community during the last decades is the Public Library, located in the street Los Insurgentes, a popular meeting place which has achieved self sufficiency by means of organized participation of both citizens and foreign residents. At a municipal level, the role performed over the years by the local radio station, San Miguel Radio, has been outstanding, especially among the rural population of limited means. Its spirit of community service is a true rarity at the level of national radio broadcasting.

The whole artistic and cultural atmosphere which has prospered during more than a half century in San Miguel de Allende has formed a unique society, quite different from other populations in the center part of the country. However, it has been a bit diluted in recent years, and has lost prominence due to the accelerated urban growth and to the increasing presence of new social groups, national and foreign, attracted by tourism, business and real estate development. Since the eighties, new residents, originally from Mexico City and other cities in the interior of the country, have formed a rather dynamic nucleus within the San Miguelense society.

The quiet, picturesque town where "everyone knows each other" and life adjusts itself to the ringing of the bells, is giving way rapidly to a more complex and diversified society with new rhythms and ways of life. A modern city which projects itself towards the 21st Century, grows and evolves around the ancient town which has conserved its style and its buildings thanks to the incessant efforts of many San Miguelenses, by birth or by affection, who have held out during more than half a century in the defense and reappreciation of the cultural heritage of San Miguel de Allende and its historic center, which has been declared a Zone of Historical Monuments by presidential decree in 1982.

The new San Miguelense society is made up of a vast network of independent social organisms which develop an intense activity of service. There are today more than 50 groups and organizations of a philanthropic nature with very diverse goals, but all of them designed to offer a community service and to improve the life style of the town.

Nearing the end of the millennium and having completed 450 years of existence, San Miguel de Allende continues to be a crucible of intense social confluence, where the new and the old, the native and the alien are fused to give way to an original society, open and cosmopolitan.

The Natural Environment

San Miguel de Allende is known and visited for its unquestionable historic importance, for its wealth of monuments and the harmony of its urban features, for the rich and varied handicraft it produces, for the cultural and cosmopolitan atmosphere it breathes, for its traditional riotous *fiestas*, for its landscapes and its blazing sunsets.

However, not all San Miguel's wealth is in the urban area. Throughout the length and breadth of the municipal territory there exists, likewise, a whole series of attractions, as much historic as natural, which form part of the local patrimony. Many of these are seldom visited, but nonetheless constitute points of interest for the visitor. For the visitor who wishes to distance himself from the bustle of the tourist circuits, a stroll along rustic paths, enjoying the beauties of nature as well as structures from our past.

The Municipality of Allende, situated in a geographical zone of transition between the Bajío and the mountains of Guanajuato, between the fertile basin of the Lerma River and the deserts which open to the north, possesses important and varied natural resources which have escaped environmental destruction for more than four centuries.

The Laja River Basin: To the west of the city of San Miguel, this important tributary of the Lerma River crosses the Municipality of Allende from north to south, fed by the waters of the mountain ranges of the north of Guanajuato.

Its course was the site of the principal pre Hispanic settlements and the route by which the Franciscans penetrated the lands of the Chichimecas, from the south, during the 16th Century. The first foundation of San Miguel took place on the banks of the Laja River, an area with abundant springs, and there still survive a good number of Indian chapels, small Franciscan churches of the time of the evangelization among other historic vestiges, such as skeletons of *haciendas*, demolished bridges and aqueducts.

Some of these ancient buildings, including archaeological ruins, lie immersed beneath the waters of the Ignacio Allende dam, an enormous hydraulic work inaugurated in 1967 above the course of the Laja River. Despite the great loss of part of our patrimony, the dam offers today ample recreational space, ideal for sailing and other water sports. At the same time, it has progressively turned into a refuge for a variety of aquatic birds, many of which are in danger of extinction, such as herons, ibis, pelicans, wild ducks and other migratory birds.

Above the Laja River Basin, between the well known Sanctuary of Atotonilco and the Ignacio Allende dam, there are innumerable springs and wells which have given life throughout centuries to rural communities as well as to a great diversity of wild flora and fauna. Dense stands of reeds border marshes and streams formed by the springs, together with thick populations of mesquite, called "tree of life" by the ancient Chichimecas, due to its great value as wood, as food and as medicine, and which form forests populated by multicolored birds. Diverse spas or *balnearios* offer the visitor the incomparable comfort of thermal waters and mineral springs which flow out of the ground and have given fame throughout the years to San Miguel de Allende.

The Mountain Range of Los Picachos: This mountain range, the most important in the Municipality of Allende, is clearly visible from the City of San Miguel towards the southeast. It constitutes an important source of water for the valley which is extended at its feet. Its highest peaks and canyons are covered with thick woods, predominantly of oak. More than seven varieties of *Quercus* or oak, and other arborescent species such as madroño, shelter diverse natural ecosystems which have managed to survive to our day thanks to their isolation from highway traffic.

Since the 16th Century and in the course of more than four centuries, the forested surface of the region has been drastically reduced through over-grazing, fires and indiscriminate felling of trees to obtain lumber and firewood. Gradual loss of this vegetative cover and excessive drilling of wells, principally for farming, has brought about a major desertification of the zone and a lessening of the water table. This disproportionate extraction of subterranean water had been the cause of the total disappearance, since the forties, of many springs of tepid water which gave life to ancestral quarters and communities, even in the urban zone of San Miguel, as well as of the drastic diminution even of the historic flow of El Chorro, the city's main water supply.

Currently, the mountain range of Los Picachos tends to become a natural area protected by the municipality, together with other woodlands and ravines such as La Márgara, to the east, La Cañada de la Virgen and Manantiales, to the west. There is in one of the arms of Los Picachos a territorial reserve of ninety hectares (about 222 acres) dedicated, since 1989, to the preservation of the woodlands (an initiative of CANTE A.C., a local conservationist group; see below) and known as La Cañada de los Pajaritos. Its name comes from a species of blue bird of good size and brilliant song, which abounds in noisy flocks among the oak groves. They share the woods with other species such as eagles, coyotes, red fox and white-tailed deer which have managed to survive the implacable extermination practiced by furtive hunters.

It is possible to climb to La Cañada de los Pajaritos and return to San Miguel the same day, or pass the night in the reserve, which includes shelter and permanent vigilance. From the heights of Los Picachos one can make out a broad panorama in all directions, and the visitor can appreciate an unsuspected biological diversity of flora and, with some luck and patience, a few examples of the local fauna as well.

The Guanajuatan Semi-desert: It is probable that the large part of the present day Municipality of Allende was covered with temperate woodlands in the period of the Conquest, and that the process of deforestation of the last few centuries caused the proliferation of the characteristic vegetation of semi-arid zones which dominates the region today and whose picturesque and ornamental values have yet been but little appreciated.

Calcareous and sandy soils have sustained an astonishing variety of cacti and other succulent species, outstanding among which are the garambullo or *Myrtillocactus geometrizans*, bisnagas such as various species of *Ferocactus* and *Coryphantha*, chollas, agaves (the maguey), yuccas, "spoon plants" or *Dasylirion* species, as well as small species such as the many varieties of *Mammillaria* and a good number of prickly pears or nopales. The majority of these desert plants flower majestically during spring, whose flowers are replaced during the period of rain by carpets of multicolored wildflowers, whose leaves turn to gold with the approach of winter. Trees such as the mezquite, the acacia or huizache, the casahuate or morning-glory tree naturally reproduce themselves thanks to their adaptation to the extreme conditions of temperature, wind and drought. All of this flora presents the classic image of the rural countryside of the high plateau country of Mexico.

The ancient feet of the mountains of the present day Municipality of San Miguel house numerous ravines, some deep and craggy which groove and slash the hills, mesas and semi-desertic prairies of the surrounding countryside. These ravines shelter various communities of flora and fauna. Even aquatic plants grow in pools shaded by native trees such as mulberry, copal or *Bursera*, or nogalillo in the walnut family.

On the rocky walls hang extraordinary examples of the Cactus family and other Mexican succulents. These ravines are green ecological niches which also shelter and provide water for all types of native birds and animals, foxes, badgers, armadillos, and others —a whole chain of ecosystems giving life to these micro-habitats, unfortunately threatened by hunting, over-grazing and deforestation.

Of particular interest are the ravines formed at the feet of the mountain range of Los Picachos, and especially La Cañada de la Virgen, not very far from San Miguel and accessible through a dirt road that takes off from the highway to Guanajuato. This spectacular ravine, aside from the great biological and scenic wealth it offers, figures also as the best preserved archaeological site within the state of Guanajuato.

With the goal of preserving and restoring a ravine and its adjacent areas, the non-governmental corporation, CANTE, has been developing, since 1990, a terrain of more than 135 acres, adjacent to the city of San Miguel, called El Charco del Ingenio. This project comprises an ecological reserve, a botanical garden, a plant nursery and areas of demonstration and restoration. Aside from rescuing a micro habitat of exceptional beauty and providing recreational space for San Miguel, the association promotes the revaluation of natural resources of the municipality and their improvement through the popular culture of the region. The botanical garden El Charco del Ingenio may be visited every day of the week with vehicular access from the Querétaro highway, or by foot, a half hour's leisurely walk from the municipal market, beyond Los Balcones. There is little to match the view of San Miguel that one gets from the paths along the edge of the cliffs of the botanical garden, a sight not to be missed!

In its natural environment San Miguel de Allende is rich, varied and attractive to visitors who enjoy the country and nature. One can venture along dirt roads within the municipality to come upon picturesque communities of friendly people, disposed to conversation and hospitality. Or well wander along solitary paths to stop in front of the ruins of an ancient *hacienda*, or simply admire the always surprising rural Mexican countryside.

THE FIESTAS OF SAN MIGUEL DE ALLENDE

San Miguel de Allende celebrates many festivities throughout the year, in the various neighborhoods of the city, as well as in its rural communities. Most of the festivities are of religious origin, but there are still a few that celebrate ancient traditions dating back to colonial times. The following paragraphs briefly describe the most important traditional *Fiestas* of San Miguel. that celebrate ancient traditions dating back to colonial times.

Fiesta del Señor de la Conquista (Lord of the Conquest Feast)

First Friday in March

This is a solemn celebration in honour of the image of the Holy Christ of the Conquest, which was presented to the town of San Miguel by the King of Spain, and brought in by the Franciscan monks in the 16th Century from Pátzcuaro, where it was carved. Today this artpiece can be seen in one of the altars of the Parish of San Miguel.

The image represents the fusion of a Chichimeca cult with the Spanish Christ. Aside from the Indian communities of San Miguel, this icon is also worshiped by many Indian communities of diverse origins.

The previous day of the feast, Thursday afternoon, a ride of yokes, known as *las yuntas*, takes place. The horns of the beasts are decorated with flowers, fruits and other products related with the fertility of the soil. The ride is accompanied with music, fireworks and dancing.

Friday morning, after the community attend the masses celebrated in honour of the Holy Christ, lively *concheros* (autochtonous dancers), local as well as from other parts of the country, dance on the Church atrium and at the plaza of the Jardín Principal. Later in the afternoon the *parandes* arrive in. These are offerings made of bread and sugar. The people visit the image throughout the day.

The feast goes on all through Saturday and Sunday in the neighborhood of San Miguel Viejo, located along the Ignacio Allende damp, site of the first foundings of San Miguel in 1542. The lord of the Conquest is worshiped as Patron Saint probably since the 16th Century.

Welcoming of the Lord of the Column

Sunday before Palm Sunday

This festivity that goes back to the 19th Century marks the beginning of Holy Week celebrations in San Miguel. The image of the Lord of the Column is shoulder-carried from the Sanctuary of Atotonilco and entrusted in the Temple of San Juan de Dios where it remains till after Lent. The image represents the flagellation of Christ.

The arrival of the image is an event of popular rejoicing. The entrance of the city at the hill of Las Cachinches is embellished with ready-made arches of ash tree branches and palm leaves decorated with paper flowers. Amidst traditional chants and fireworks, the image is carried through the streets till it reaches the temple.

Viernes de Dolores (Friday of Sorrows)

Previous Friday to Holy Week

San Miguel de Allende holds on to the tradition of setting up altars for the Sorrowful Virgin (Virgen Dolorosa). Aside from the ones in the temples, these altars can also be seen in many houses. By popular agreement, this day is also devoted to the chores of repairing, cleaning and decorating with traditional offerings more than twenty public fountains in the historic district of San Miguel.

Friday afternoon the inhabitants of San Miguel turn out into the streets to see the altars and fountains, as well as to receive fresh fruit juices and the traditional "preserves" offered to the passers-by.

Holy Week

Good Wednesday is dedicated to the Viacrusis, as was established in the 18th Century by Father Luis Felipe Neri de Alfaro, founder of the Sanctuary of Atotonilco. A procession with 14 stations, carrying the image of El Señor del Golpe, departs from the Temple of the Oratory, goes through several streets of San Miguel and ends up at the Chapel of El Calvario.

Good Thursday afternoon the people visit several temples. It is the day of the Visit to the Seven Houses.

Good Friday is celebrated with several processions, both in temples and streets. During the morning the processions of El Señor de la Columna, El Señor de la Espina and El Santo Encuentro, take place. In the afternoon the solemn procession of the Holy Funeral starts at the Temple of the Oratory and runs through several streets of the city.

Resurrection Sunday is devoted to the traditional burning of the *judas* (paper dolls with fireworks representing Judas) in the Jardín Principal. The explosions of the dolls can be heard all over the city.

Fiesta de La Santa Cruz (Holy Cross Feast)

May

This month is dedicated to the celebration of the cross in many Indian communities of the municipality. These festivities go back to the time of the Conquest, when the Chichimeca groups finally subdued to the Christian Cross, though mixing it together with their rituals and ancient beliefs. The Cross, therefore still today, stands for the confluence of the four winds on earth and the harmony and agreement among the inhabitants of this region, as well as for the Christian faith.

The first celebration takes place early May in the Port of Calderón situated in the southern border of the municipality where an ancient stone cross stands. This cross is worshiped by many Indian communities from the states of Mexico, Querétaro and the Bajío region.

Every eight days on Saturdays and Sundays in May the festivities take place both in rural areas (Guadalupe and Guerrero Ranches) as well as in some neighborhoods of the city such as: El Chorro, El Ojo de Agua, Guadiana, La Palmita and Valle del Maíz.

The festivity of Valle del Maíz closes the Feasts of May with a popular celebration in which the processions, the Chichimeca dances of the *rayados*, the *mogigangas* and the *coloquio* stand out. The *coloquio* is a kind of ancient allegorical play established by the Franciscan Fathers and it is still performed in some Indian communities of the region besides Valle del Maíz.

San Antonio de Padua (St. Anthony of Padua)

Sunday after the 13th. of July

This festivity is also known as the *fiesta* of the "insane and the farmers". This festival takes place in the crowded neighborhood of San Antonio. In the old days dancing was promised to the image of the Saint as payment for having healed from an illness or for having received some other favour. Today dancing is done just for the pleasure, and thereby the festival has turned into a carnival like parade in which a crowd of "insanes" take part. Children, youngsters and even old people traverse the streets of the city by foot or in decorated carts, dressed in colourful, even spectacular and grotesque costumes, accompanied by the wind instrument bands, and sometimes, these days, by deafening sound equipment as well.

Unfortunately several traditional elements of this festivity have been lost: the masks and wooden rattles the "insanes" used to carry, the *danza del torito* (small bull dance) and the crews of farmers who represented an important trade in older days, carrying quince branches and a sac of pears to be thrown at the people.

Reseña del Señor San Miguel (Account of the Lord San Miguel)

Third Sunday in August

This celebration in charge of the Indian communities since colonial days, starts the festivities in honour of the Patron Saint of San Miguel de Allende. A live bull (offered by *hacienda* owners in the old days) is offered to be sacrificed during the festivities.

Saturday night the representatives elected by the communities gather to carry on the vigil. The tasks to be carried out are divided among the representatives and the bull is assigned to one of them. The traditional offerings are made amidst chants and praises.

Early on Sunday the bull is prepared. Once it has been bathed, cleaned and adorned with necklaces woven during the vigil, the bull is taken through the streets of the city to the Parish Temple. At the temple the bull is offered to the Lord San Miguel as *concheros* dance. The ride then heads toward the market place where the people of the communities receive fruits and sweets; then the ride goes on to the old cemetery to place offerings to the death; the last stop is the municipal prison where the inmates are given fruit.

Fiestas del Arcángel San Miguel (Feasts of the Archangel St. Michael)

Weekend after September 29th.

These festivities in honour of the Patron Saint are the most important in San Miguel de Allende, and, therefore the most colourful and spectacular. The celebrations begin a few days after Independence Day, and they go back to the early days of the founding of the city. At first the celebrations were offered only locally by the Indian communities and by the different guilds of the city, but with time the celebrations acquired importance and fame across the country. The Feast of San Miguel is still one of the most important feasts in the nation.

The celebrations begin on Friday afternoon with the arrival of several groups of pilgrims to the Temple. By nightfall several music bands and *mariachi* groups arrive and the people gather at the Jardín Principal and the Parish courtyard to wait for dawn (*la alborada*).

At 4:00 a.m. with the tolling of the bells, an impressive number of fireworks blast off lighting and shaking the night sky for more than an hour, non-stop, offering a spectacle of unique intensity and excess. The *alborada* is a traditional very emotional event in honour of the Patron Saint "the eminent archangel Saint Michael, Prince of the angelical militia". With the playing of the *Mañanitas* (a Happy birthday song) by all the bands gathered, joy overcomes everyone present. The *atole* (cornstarch hot drink), the *tamales* (maíz and meat patties) and the *ponches* (hot fruit punch) delight the senses of taste and smell, while dancers dance the traditional *danzón* around the garden kiosk with the morning light shining on them.

Saturday afternoon the *conchero* dancers, the crosses, the offerings, the music bands and the Indian communities gather by the road to the Station and in procession walk to the Jardín Principal getting there around five. The *xuchiles* are placed in front of the Parish Temple. *Xuchiles* are the offerings made and shoulder carried by the Indian communities to honour their Patron Saint. These offerings are beautiful large braids of a plant named cucharilla, zempaxuchil (marigold flowers) and coloured tortillas placed on long and heavy frames.

Sunday morning after a solemn mass in honour of the archangel, the so called "castillo de once" which is an elaborate piece of fireworks with no lights, just the explosions, is lighted. Later, Fray Juan de San Miguel, founding father of the town is honoured with an homage and a parade of dances on the atrium and the Parish esplanade which goes on for the rest of the day. Among the dances the *rayados* from Valle del Maíz and the *concheros* both local, as well as foreign stand out. A bull's fight also takes place in the afternoon. The *fiesta* finishes with the burning up of elaborate fireworks and dancing at the Jardín Principal.

Paseo del Arcángel San Miguel (Ride of the Archangel St. Michael)

Eight days after the feast of St. Michael

The so-called "eighth" of the Patron Saint of San Miguel de Allende is celebrated with a procession carrying his image through the streets of the city. The procession stops at the temples of Las Monjas, el Oratorio and San Francisco. The celebration is sponsored by the dance groups, the Indian communities and the people in general. The ride ends up at La Parroquia with a solemn mass.

Fiesta de los Fieles Difuntos (Feast of the Faithful Death)

October 31st., November 1st. and 2nd.

The last day of October the offerings and the altars for the death are set up. Aside from the private altars, some of which are open to the public, the altar set up at the Casa de Allende or Historical Museum is worthwhile visiting. Starting at 8:00 p.m. October 31st. a native ritual performed by a traditional *conchero* group from San Miguel, takes place by the altar or offering. First a fire is light for the souls of the dead children and then for the ancestors and the venerable old men dead. All this goes on while puffs of *copal* smoke wrap the audience and the monochord playing of the armadillo shells accompanies emotional chants and praises. The evening of November the 2nd. the offering is collected and distributed among the gathering.

Another interesting traditional altar is the one one set up at the El Nigromante, which is dedicated each year to the soul of a notorious personality. This offering is open to public from the 1st. of November.

Las Fiestas Navideñas (Christmas Feasts)

Last two weeks of December

One of the most popular traditions in San Miguel is the celebration of the *posadas*, at nightfall the nine days before Christmas. The *posadas* take place in different streets and neighborhoods of the city, as well as in private houses and in the temples. The most traditional *posadas* are the ones that take place at the Nuestra Señora de Loreto Chapel, next to the Temple of the Oratory, where ancient chants can still be heard and the so-called *aguinaldo* (Christmas bonus) masses are offered.

The *posadas* on the streets are very lively, especially for the children. After the praying, an enacted procession recalling Mary and Joseph looking for shelter is sung. Shelter is finally given to the pilgrims, and with it, a Christmas bonus, the traditional *ponche*, the *buñuelos* and the *atole* are offered to the gathering, after which the *piñatas* are broken.

Christmas is celebrated with the traditional *Misa de Gallo* (Midnight mass). The people open their house for friends and relatives, who are greeted with the traditional *nacimiento* (nativity) made up of pine branches, moss and hay with clay images of the characters involved.

A picturesque life size nativity with live animals is set up at the kiosk in the Jardín Principal. This Nativity is kept until Kings Day (January 6th.).

BIBLIOGRAFIA SOBRE
SAN MIGUEL DE ALLENDE

AGUILAR, Rosalía, BURR, Claudia y CANALES, Claudia, *Perfil de una villa criolla, San Miguel el Grande, 1555-1810*. México, INAH, 1986 (Colección Museos).

ARANAZ, Jacob Fr., *Viñetas sanmiguelenses*. México, edición del autor, 1981

BARAJAS, Antonio, *Apuntes para la historia de la ciudad de San Miguel de Allende: 1542-1992*. México, s.e., 1992

COSSIO DEL POMAR, Felipe, *Iridiscencia. (Crónica de un centro de arte)*. Guanajuato, Gobierno del Estado de Guanajuato, 1988 (Colección Nuestra Cultura)

DE LA MAZA, Francisco, *San Miguel de Allende. Su historia. Sus monumentos*. México, Frente de Afirmación Hispanista, A.C., 1972

DE MARIA Y CAMPOS, Armando, *Allende, primer soldado de la Nación*. México, Editorial Jus, 1964

FERNANDEZ, Justino y MENDOZA, Vicente T., *Danzas de los concheros en San Miguel de Allende*. México, El Colegio de México, 1940

HERNANDEZ, Jorge F., *La soledad del silencio. Microhistoria del Santuario de Atotonilco*. México, Fondo de Cultura Económica, 1991

LEDESMA, Margarito, *Poesías*. Prólogo de Leobino Zavala, 16a. edición, México, s.e., 1990

RAMOS DE CASTILLA, Antonio Pbro., *Fiestas de San Miguel el Grande en el siglo XVIII*. San Miguel de Allende, edición del autor, 1965

SAMANIEGO DE LA SOTA, Leopoldo, *Buenos, malos y regulares*. México, edición del autor, s.f.

SANCHEZ DE TAGLE, Esteban, *Por un regimiento. El régimen, política y sociedad: la formación del Regimiento de Dragones de la Reina en San Miguel el Grande, 1774*. México, INAH, 1982 (Colección Científica, 129)

SOMERLOTT, Robert, *San Miguel de Allende*. Guanajuato, Biblioteca Pública de San Miguel de Allende, 1991

ZAVALA, Leobino, *Tradiciones y leyendas sanmiguelenses*. México, s.e.,1990

PATROCINADORES
SPONSORS

HOTELES

CASA DE SIERRA NEVADA

Hospicio núm. 35, San Miguel de Allende, Guanajuato, 37700 México. Teléfonos: (465) 2-04-15 y 2-18-95; Fax (465) 2-23-37

Es uno de los más exclusivos hoteles en México. Distribuido en cinco mansiones coloniales del siglo XVII, cuenta con tan solo 16 suites lujosamente decoradas en estilo colonial. El hotel ofrece los servicios de: restaurante, bar, salón de masaje oriental, SPA y alberca.

One of the most exclusive hotels in Mexico. Its exclusive luxurious 16 suites are distributed in five 17th Century mexican architecture mansions. The hotel provides all services: restaurante, bar, swimming pool, oriental massage room, SPA.

HOTEL POSADA DE SAN FRANCISCO

Plaza Principal núm. 2, San Miguel de Allende, Guanajuato, 37700 México. Teléfono (465) 2-00-72 y Fax (465) 2-14-33

Fue construido desde sus cimientos en 1939 por el señor Ramón Zavala Camarena, con estilo conventual y acorde con la arquitectura sanmiguelense. Actualmente ha sido remodelado y todos los cuartos cuentan con calefacción eléctrica y televisión, así como con servicio en cada cuarto de su restaurante-bar La Galería. Con la mejor ubicación en el Jardín Principal.

The hotel was built in 1939 by Mr. Ramón Zavala Camarena in a conventual style and in harmony with the typical arquitecture of San Miguel. Recently it was remodeled and counts with electric heating system and television in each room, as well as restaurant-bar service (La Galería). It has an excellent location: it is right in front of the Jardín Principal (downtown garden plaza) of San Miguel de Allende.

HOTEL REAL DE MINAS
SAN MIGUEL DE ALLENDE, S.A. de C.V.

Camino Viejo al Panteón núm. 1, San Miguel de Allende, Guanajuato, 37700 México. Teléfono: (465) 2-26-26; Fax (465) 2-17-27 y LADA (800) 4-66-58

El Hotel Real de Minas San Miguel de Allende se integra a la cadena de Hoteles Real de Minas con: doscientas quince habitaciones, master suites, suite presidencial, lobby bar, restaurante, cafetería, alberca, quiosco, salón de juegos, canchas de tenis, juegos infantiles, salones para banquetes y convenciones, plaza de toros, helio-puerto y zona comercial.

Is one of the hotels of the Real de Minas Hotel Chain. It has 215 rooms, master suites, a presidential suite, a lobby bar, a restaurant, a cafeteria, swimming pool, kiosk, play ground, tennis court, children play ground, feasts and assembly hall and bullfight ground. It also counts with a helicopter port and a commercial area.

INSTITUCIONES EDUCATIVAS

ACADEMIA HISPANO AMERICANA

Mesones núm. 4, San Miguel de Allende, Guanajuato, 37700 México. Teléfonos: (465) 2-03-49 y 2-23-33; Fax (465) 2-23-33

La Academia se abrió hace 32 años, y desde entonces ha difundido el idioma español, la historia y la literatura de Hispanoamérica a alumnos de todo el mundo. Ofrece un programa completamente integrado de instrucción en los campos de español y estudios latinoamericanos. Sus inscripciones están abiertas a estudiantes de todos los niveles de especialidad u orientación, durante todo el año, con programas individuales de estudio para estudiantes avanzados. El objetivo de la escuela es brindar la posibilidad a los estudiantes más dedicados de obtener una preparación integral para la convivencia futura con personas de Latinoámerica, con especial énfasis en México. Los certificados que proporciona son reconocidos por universidades americanas y escuelas especializadas. La Academia es miembro de la Asociación Internacional de Centros de Idiomas.

The Academy was open since 32 years ago and it offers a completely integrated program of instruction in the fields of Spanish language and Latin American studies. Enrollment is open to students on all levels accomplishment, on a year-round basis, with individual programs of study for advanced students. The aim of the school is to make available to serious students a complete education for a future life among people of Latin America, with special emphasis on Mexico. The certificates of the Academy are recognized by American universities and specialized schools. It is member of the International Association of Language Centers.

INSTITUTO ALLENDE

Ancha de San Antonio núm. 20, San Miguel de Allende, Guanajuato, 37700 México. Teléfono/Fax (465) 2-01-90

Instituto dedicado a la enseñanza superior de las bellas artes. Fue fundado en 1951, y desde entonces está incorporado a la Universidad de Guanajuato. En él se imparte pintura, escultura, grabado, cerámica, joyería, etcétera, así como cursos sobre historia del arte y cultura mexicana. Cuenta también con un programa de Maestría en Bellas Artes y con cursos cuyos créditos son válidos a nivel de licenciatura. Durante todo el año se ofrecen cursos de inglés y español.

This Institute of higher education of fine arts was founded in 1951, and is recognized since then by the University of Guanajuato. It offers painting, sculpture, engraving, ceramics, jewelry courses, among others. It also has a Master's Degree in Fine Arts, as well as some courses that can be credited for the curriculum of Bachelor in Fine Arts. Spanish and English courses are offered the whole year.

GALERIAS

COLECCION CUATRO VIENTOS

Sollano núm. 27, San Miguel de Allende, Guanajuato, 37700 México. Teléfono/Fax (465) 2-38-61

Regalos, accesorios decorativos. Representantes de: Anne Marie Slipper-Esculturas de "Raku", La Colección de Magdalena Cuillery (joyería y accesorios de plata), Galería Antolia-Kelims y CAVIAR Petrosian-París.

Gifts, decorative accessories. Representing of: Anne Marie Slipper-"Raku" Sculptures, The Magdalena Cuillery Collection of silver jewelry and accessories, Antolia Gallery-Kelims-and CAVIAR Petrosian-Paris.

GALERIA L TEMPLE / S MIGUEL

**Jesús núm. 2, San Miguel
de Allende, Guanajuato, 37700
México. Teléfono/Fax (465) 2-20-40**

Una pequeña galería para verdaderos coleccionistas. *A small gallery for serious collectors.* Alechinsky, Appel, Chillida, S. Delaunay, Friedeberg, Gerzso, Giampaoli, Gransow, López Castro, Mérida, Poliakov, Quintanilla, Siqueiros, Slipper, Bob Smith, Tichenor, Toledo, Zuñiga.

FOUR WINDS COLLECTION

**Callejón Ojo de Agua núm. 5,
Apartado Postal 590, San Miguel de
Allende, Guanajuato, 37700 México.
Teléfono/Fax (465) 2-38-61**

Muebles de los siglos XVII a XIX. Accesorios arquitectónicos y decorativos que incluyen elementos de cantera para patios y jardines. Kelims. Plata antigua. Joyería exclusiva. Pedidos especiales de objetos de arte y de arte colonial. Atención personal mediante cita.

Exclusive dealers of 17h-19th Century Furniture. Architectural and decorative accessories including colonial garden elements. Kelims. Handcrafted tribal and fine art. Important silver. Personal attention given to special requests for rare objet's d'art and colonial art. By appointment.

Directora: Milou M. de Reiset.

BIENES RAICES

INMOBILIARIA NORENCO, S.A. de C.V.
LA MESA, S.A. Residencial Malanquin

**Calle Sevilla núm. 1, Residencial
Malanquin, Apartado Postal 238,
San Miguel de Allende, Guanajuato.
37700 México. Teléfonos: (465)
2-35-35 y 2-07-18;Fax (465) 2-00-90
y 2-07-18**

LA MESA es la empresa propietaria que lleva a cabo el desarrollo del fraccionamiento Residencial Malanquin, el cual se encuentra alrededor del Club de Golf. Hasta ahora se ha dotado al fraccionamiento con una infraestructura de primera (líneas telefónicas y eléctricas subterráneas, adecuadas calles de acceso, parques y jardines, etcétera), y cuenta con 110 lotes, muchos de los cuales ya están fincados con residencias de alta calidad.

INMOBILIARIA NORENCO tiene un vivero y un centro de jardín dentro de Residencial Malanquin, pero también lleva a cabo operaciones inmobiliarias, construye y administra obras.

*LA MESA is the company owner in charge of the residential development of Residencial Malanquin, located around the Golf Club. It has the highest quality infrastructure (underground telephone and electric lines, good access streets, parks and gardens). The development has 110 plots, some of which already count with first class residential houses.
INMOBILIARIA NORENCO has a tree nursery and a garden in Residencial Malanquin. It also manages real estate transactions, and in the construction business it both manages and constructs.*

INMOBILIARIA REAL DE LA PRESA,
S.A. de C.V.

**Calzada de la Presa s/n, San Miguel
de Allende, Guanajuato, 37700
México. Teléfonos: (465) 2-09-64
y en la ciudad de México
(5)207-09-08**

Inmobiliaria Real de la Presa es una empresa interesada en promover y desarrollar un conjunto hotelero, así como el Centro Cultural de Santa María del Obraje, que consta del Teatro "Las Trojes", el Anfiteatro, con capacidad para 600 personas, talleres para la realización de artesanía y su venta, salas de cine y galería de arte.

A real estate company interested in promoting and developing a hotel center, as well as a cultural center called Santa María del Obraje, consisting of a theater "Las Trojes", an amphitheater, with a capacity of 600 people, workshops for handcrafts and sales, as well as a cinema and an art gallery.

RANCHO SAN MIGUEL DE ALLENDE,
S.A. de C.V.

**Montitlán núm. 20, Colonia
Los Balcones, San Miguel
de Allende, Guanajuato, 37700
México. Teléfono (465) 2-25-14 y Fax
(465) 2-33-10**

Compañía de bienes raíces con más de 20 años de experiencia. Proporciona asesoría a residentes y visitantes sobre leyes y reglamentos para propietarios. Cuenta con un equipo de ventas que lo ayudará a comprar una casa que se ajuste a sus necesidades y a sus posibilidades económicas. Como constructores

y administradores de casas, le ofrece residencias en renta en diferentes sitios y a precios razonables, de manera que el visitante pueda tener una estancia memorable en San Miguel de Allende.

Is a real estate company with over 20 years of experience in the field. It assists residents and visitors with up-to-date information on laws and regulations required by government. A bilingual sales staff will assist you in buying the home that suits both your needs and financial possibilities. As builders and managers of fine homes, the company offers you exclusive rental homes with a wide range of convenient locations and prices, providing the visitors a real memorable stay in San Miguel.

NEGOCIOS

DERIVADOS DE LECHE LA ESMERALDA,
S.A. de C.V.

**Frente a la estación de F.F. C.C, s/n,
San Miguel de Allende, Guanajuato,
37700 México. Teléfono (465)2-23-89
y Fax (465) 2-17-26. Centros
de Comercialización: Distribuidora
de Lácteos Algil, S.A. de C.V.,
Instituto Técnico núm. 142, Col.
Santo Tomás, México, D.F.
Teléfonos 341-44-71; 341-12-30;
341-11-60 y Fax 341-34-30.
Distribuidora Algil, S.A. de C.V.,
Granadilla núm. 2138-A, Mercado
de Abastos, Guadalajara, Jalisco.
Teléfonos 611-64-03,; 621-79-49 y Fax
611-40-59. Impulsora de Ventas
Alimenticias, S.A. de C.V., Mercado
de Abastos Bodega núm. 105, Santa
Catarina, Monterrey, Nuevo León.
Telefax: 88-32-76**

Empresa dedicada a la fabricación de productos lácteos (cremas, mantequillas y quesos). Se inició hace 45 años por el señor Luis Alvarez Domenzain, y a la fecha comercializa sus productos con el nombre ESMERALDA, contando con centros de comercialización en las ciudades de México, Monterrey y Guadalajara. Con este sistema se abarca prácticamente la atención a toda la República por medio de cadenas de centros comerciales.

A company engaged in the production of dairy products (cream, butter, cheese). It was founded 45 years ago by Mr. Luis Alvarez Domenzain. Today it commercializes its products with the trademark ESMERALDA. It has commercialization centers in Mexico City, Monterrey and

Guadalajara. These centers distribute the products throughout the whole country through supermarket chains.

FERRETERIA DON PEDRO, S.A.

Ancha de San Antonio núm. 79, San Miguel de Allende, Guanajuato, 37700 México. Teléfono (465) 2-17-14 y Fax (465) 2-21-34

Negocio dedicado a surtir materiales para los mejores acabados de la construcción. Distribuidor de marcas exclusivas como Interceramic, Ideal Standar, Helvex, Moen, Urrea, Dal-Monte, así como de herramientas, material eléctrico, plomería, pintura, chapas e infinidad de artículos más del ramo.

Commercial establishment that supplies finishing materials for construction. It distributes exclusive trademarks, such as Interceramic, Ideal Standar, Helvex, Moen, Urrea, Dal-Monte, as well as tools, electric and plumbing materials, paints and many other accessories.

GENESIS

Calle de Reloj núm. 34-B, San Miguel de Allende, Guanajuato, 37700 México. Teléfono (465) 2-20-16

Tienda naturista y barra de jugos. Nuestra especialidad: panes de grano entero hechos en casa; frutas secas, nueces, semillas, granos, cereales, tes; complementos vitamínicos y nutricionales y muchos otros productos buenos para su salud.

Natural juices and products. Our especiality: whole grain breads (sourdough): rye, english muffins, pita bread and bagels, dried fruits, nuts, seeds, teas; vitaminic and nutritional complements and many other healthy products.

HOTELES

	núm. de habit.	dirección	teléfono	categoría
Casa de Sierra Nevada	23	Hospicio 35	2-04-15	G.T.
Villa Jacaranda	16	Aldama 53	2-10-15	G.T.
Hacienda de las Flores	11	Hospicio 16	2-18-08	G.T.
Suites El Patio	9	Correo 10	2-16-47	G.T.
Villa Mirasol	7	Pila Seca 35	2-15-64	G.T.
La Puertecita	8	Santo Domingo 75	2-22-50	G.T.
La Puertecita Centro	4	Cda. Pila Seca 2	2-21-18	G.T.
Real de Minas	215	Salida a Celaya km 1	2-26-26	*****
Posada La Ermita	23	Pedro Vargas 64	2-07-77	****
Hacienda Taboada	70	Carretera a Dolores km 8	2-08-88	****
Villas El Molino	52	Salida a Querétaro s/n	2-18-18	****
Posada La Aldea	66	Ancha de San Antonio 11	2-12-96	****
Villa Santa Mónica	7	Caballero Baeza 22	2-04-51	***
Misión de Los Angeles	64	Carretera a Celaya km 2	2-20-99	***
Aristos San Miguel	60	Ancha de San Antonio 30	2-03-92	***
Rancho El Atascadero	51	Prol. Santo Domingo s/n	2-02-06	***
Posada San Francisco	46	Plaza Principal 4	2-00-78	***
Mansión del Bosque	23	Aldama 63	2-02-77	***
Posada Las Monjas	63	De la Canal 37	2-01-71	***
Parador El Cortijo	19	Carretera a Dolores km 9.5	2-17-00	***
Motel La Siesta	28	Carretera a Celaya Km 1	2-02-07	***
Parador Monte Verde	27	Volanteros 2	2-18-14	***
Villa del Sol	7	Cuadrante 3	2-07-42	***
Central	26	De la Canal 19	2-08-51	**
Mesón San Antonio	10	Mesones 80	2-05-80	**
Quinta Loreto	38	Loreto 15	2-00-42	**
Sauto	25	Hernández Macías 59	2-00-51	**
Posada Carmina	10	Cuna de Allende 7	2-04-58	**
Vista Hermosa	17	Cuna de Allende 11	2-04-37	**
La Fuente	14	Cjón. San Antonio 4	2-06-29	**

G. T. = Gran Turismo

RESTAURANTES

	dirección	teléfono	especialidad
Antigua Trattoria Italiana	Ancha de San Antonio s/n	2-37-90	italiana
Bugambilia	Hidalgo 42	2-01-27	mexicana
Café Colón	San Francisco 21	2-09-89	mexicana
Café de la Parroquia	Jesús 11	2-31-61	internacional
Casa de Janos	Cjón. de la Palma 13	2-32-69	húngara
El Campanario	De la Canal 34	2-07-75	internacional
El Correo	Correo 25	2-01-51	mexicana
El Jardín	San Francisco 4	2-17-06	internacional
El Patio	Correo 12	2-00-17	internacional
La Antigua	De la Canal 9A	2-25-86	tapas españolas y mexicanas
La Cartuja	Hernández Macías 109	2-20-57	internacional
La Grotta	Cuadrante 5	2-16-77	pasta y pizza
La Vendimia	Hidalgo 12	2-26-45	internacional
Mama Mia's	Umarán 8	2-20-63	internacional
Italia	Hernández Macías 59	2-30-25	italiana
Virginia	Zacateros 26	2-04-29	internacional y naturista

OFICINAS DE GOBIERNO Y SERVICIOS

	dirección	teléfono
Presidencia Municipal	Plaza Principal 8	2-00-01
Inspección de Policía	Plaza Principal 8	2-00-22
Tránsito Municipal	Plaza Principal 8	2-05-38
Ministerio Público	CERESO Salida a Querétaro	2-02-12
Oficina de Correos	Correo 16	2-00-89
Oficina de Telégrafos	Correo 16-B	2-00-81
Delegación de Turísmo	La Terraza, Jardín Principal	2-17-47
Delegación de Tránsito	San Francisco 23	2-01-64
Oficina de Servicios Migratorios	Caballero Baeza 18	2-13-83
Servicio Consular de U.S.A.	Hernández Macías 72	2-23-57
Cruz Roja	Salida a Celaya	2-16-16
Central de Bomberos	Salida a Querétaro	2-28-88
Unión Médica	San Francisco 50	2-17-61
Centro de Salud	Reloj 56	2-00-85
Museo Histórico de San Miguel	Cuna de Allende 1	2-24-99
Centro Cultural "El Nigromante"	Hernández Macías 75	2-02-89
Biblioteca Pública	Insurgentes 25	2-37-70

San Miguel de Allende
Guia del visitante
Se terminó de imprimir en junio de 1993
en los talleres de Consorcio Editorial Comunicación, S.A. de C.V.
Cuauhtémoc 76, Copilco el Bajo, 04340 México, D.F.,
bajo la supervisión de Roberto Díaz Mendoza.
El tiro fue de 3,000 ejemplares.